Unnützes Wissen 2024 – Klugscheißer-Edition

Über 1300 lustige, verrückte und skurrile Fakten, die selbst den Ernst des Lebens zum Lachen bringen

Christian Völkner

UNNÜTZES WISSEN 2024

KLUGSCHEISSER EDITION

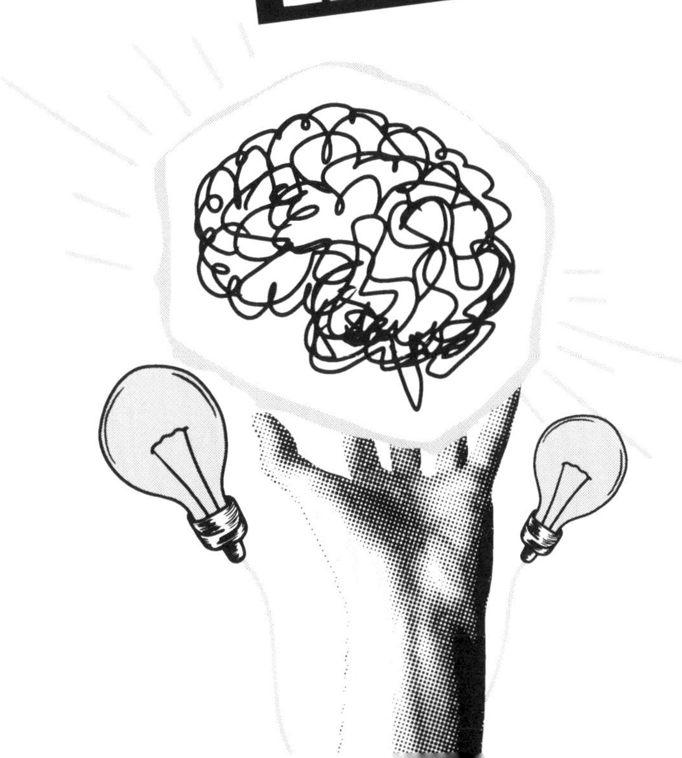

Impressum
Deutschsprachige Erstausgabe Januar 2024

Christian Völkner, Hauffstraße 4, 26386 Wilhelmshaven

Covergestaltung und Satz: Wolkenart - Marie-Katharina Becker, www.wolkenart.com

1. Auflage
ISBN: 978-3-9825231-5-6

INHALTS-VERZEICHNIS

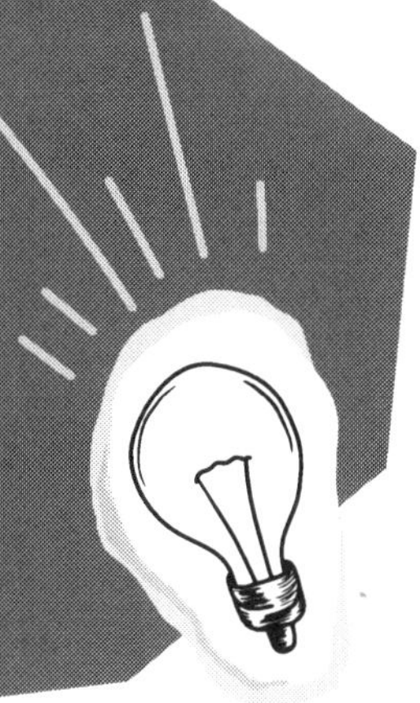

Herzlich willkommen, liebe Lesende, zu einer außergewöhnlichen Reise durch das Universum des unnützen Wissens! Hier, in der Klugscheißer-Edition öffne ich die Pforten zu einer Welt, die vor Kuriositäten, skurrilen Fakten und manchmal sogar absurden Anekdoten nur so strotzt. Denn lasst uns ehrlich sein – Klugscheißerei ist nicht nur eine schlechte Angewohnheit, sondern zugleich auch eine wahre Kunst, die es wert ist, zelebriert zu werden.

In den kommenden Kapiteln lade ich dich ein, dein Gehirn mit Informationen zu füttern, die vielleicht nicht dazu dienen, die Welt zu retten, aber definitiv dazu beitragen werden, dass du auf der nächsten Feier oder bei der Kaffeepause im Büro als wandelnder Schatzkasten des Wissens brillieren kannst. Ich, Christian Völkner, dein Reiseführer durch dieses vergnügliche Abenteuer, habe es mir zur Aufgabe gemacht, die bizarrsten Ecken des Wissensspektrums zu erkunden und dir dabei zu helfen, der Klugscheißer zu werden, den deine Freunde heimlich bewundern.

Bereite dich darauf vor, tief in die Geschichte, Wissenschaft und Kultur sowie die skurrilen Phänomene unserer Welt einzutauchen. Dieses Buch ist nicht nur eine Sammlung von Fakten, sondern auch eine Huldigung an die Neugier, die uns antreibt, das Unbekannte zu erforschen und dabei ein Schmunzeln auf den Lippen zu behalten.

Also, mein kluger Begleiter, schnalle dich an, öffne deinen Geist für die Exzentrik des Wissens und genieße diese amüsante Reise durch die Welt des unnützen Wissens. Denn man weiß ja nie, wann du das perfekte Faktum parat haben musst, um die Aufmerksamkeit zu fesseln und deinen Ruf als ultimativer Klugscheißer zu festigen.

Viel Spaß beim Lesen und Entdecken!

Dein
Christian Völkner

DEUTSCHLAND EDITION

SKURRILE UND WISSENSWERTE DETAILS

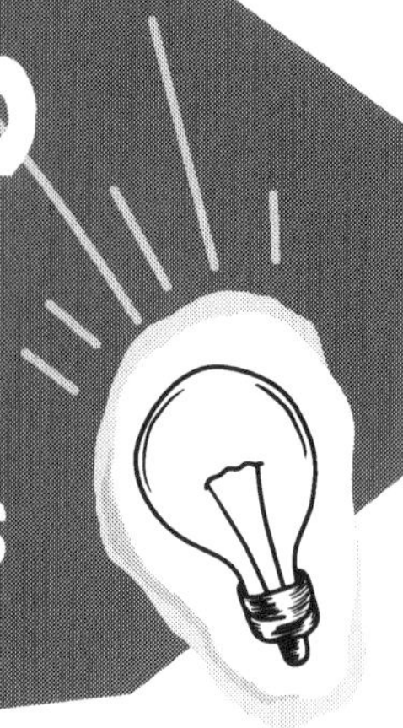

1 Gemäß den neusten Statistiken leben derzeit 84.488.027 Menschen in Deutschland.

2 Ein Drittel Deutschlands ist noch immer von Wäldern und Grünflächen bedeckt.

3 65 % der Autobahnen in Deutschland haben keine Geschwindigkeitsbegrenzung, die verbleibenden 35 % eine empfohlene Höchstgeschwindigkeit von 130 km/h.

4 Es gab einmal mehr als 20.000 Schlösser in Deutschland. Allerdings sind mittlerweile 60 % von ihnen verfallen, während etwa 15.000 immer noch in gutem Zustand sind.

5 Es existieren ungefähr 1.500 Brauereien in Deutschland, die eine beeindruckende Vielfalt von über 7.000 Biersorten produzieren.

6 Deutschland ist das siebtgrößte Land in Europa. Es umfasst eine Fläche von 357.022 km², wobei 90.224 km² mit Land und 7.798 km² von Wasser bedeckt sind.

7 Die Liebe der Deutschen zum Bier drückt sich auch in dem beliebten Sprichwort „Durst wird durch Bier erst schön" aus.

8 Das größte Bierfest der Welt ist das Oktoberfest in München, Bayern, bei dem das Bierglas nicht 500 Milliliter, sondern einen ganzen Liter fasst!

9 Berlin erstreckt sich über eine Fläche, die neunmal größer ist als Paris, und verfügt über mehr Brücken als Venedig. Die deutsche Hauptstadt zählt rund 700 Brücken, während Venedig im Vergleich nur 409 Brücken aufweist.

10 An Deutschland grenzen neun Nachbarländer: Dänemark, Polen, die Tschechische Republik, Österreich, die Schweiz, Frankreich, Belgien, Luxemburg und die Niederlande.

11 In Deutschland wird ein Gefangener nicht bestraft, wenn er versucht, aus dem Gefängnis zu fliehen, solange dabei kein Verbrechen begangen wird. Dies liegt daran, dass der Wunsch nach Freiheit als grundlegender menschlicher Instinkt betrachtet wird.

12 Deutschland hat über 400 Zoos, was die höchste Anzahl weltweit ist.

13 In Deutschland gibt es mehr Fußball-Fanclubs als an jedem anderen Ort auf der Welt.

14 Die Mehrheit der Taxis in Deutschland stammt von der Marke Mercedes, da diese den Taxiunternehmen die besten Konditionen bietet.

15 Die Leugnung des Holocaust ist in 17 Ländern, einschließlich Deutschland und Österreich, entweder explizit oder implizit als Straftat definiert.

16 Gemäß den Guinness World Records liegt die engste Straße der Welt in Reutlingen, Baden-Württemberg. Sie trägt den Namen Spreuerhofstraße und misst an der schmalsten Stelle lediglich 31 cm in der Breite.

17 Aufgrund seiner ungewöhnlichen Architektur wird das Bundeskanzleramt in Berlin umgangssprachlich als „Waschmaschine“ bezeichnet.

18 Deutsch ist nach Spanisch die fünfthäufigste unterrichtete Sprache weltweit.

19 Deutsch ist mit rund 100 Millionen Muttersprachlern nach Russisch mit 120 Millionen die Sprache mit den meisten Muttersprachlern in Europa.

20 Deutsch ist die Amtssprache in Deutschland, Österreich, der Schweiz, Belgien, Luxemburg und Liechtenstein.

21 Im Jahr 1916, mitten im Ersten Weltkrieg, führte Deutschland als erstes Land der Welt die Sommerzeit ein.

22 Das erste Buch, eine Bibel in lateinischer Sprache, wurde von Johann Gutenberg in Deutschland gedruckt.

23 Deutschland zählt zu den am dichtesten besiedelten Ländern weltweit, wobei 77 % der Bevölkerung in besiedelten Gebieten leben.

24 Berlin ist mit rund 3,7 Millionen Einwohnern die größte Stadt Deutschlands, danach folgen Hamburg mit 1,8 Millionen und München mit 1,5 Millionen Einwohnern.

25 Deutschlands Küste ist 2.442 km lang.

26 Die Zugspitze in den Alpen ist mit einer Höhe von 2.962 m der höchste Berg in Deutschland.

27 Rügen ist mit 926 km^2 die größte Insel Deutschlands.

28 Der Rhein ist der längste Fluss in Deutschland.

29 Schleswig-Holstein, das nördlichste Bundesland Deutschlands, grenzt gleich an zwei Meere, die Ost- und die Nordsee.

30 Es gibt über 3.000 Campingplätze in Deutschland.

31 Die A7 ist mit 960 km Länge die längste Autobahnstrecke in Deutschland und ganz Europa. Sie erstreckt sich von der dänischen bis zur österreichischen Grenze.

32 Das höchste Gebäude Deutschlands befindet sich in Frankfurt am Main: der Commerzbank Tower mit 259 m. Auch die meisten Hochhäuser befinden sich dort.

33 Es gibt mehr als 20 Dialekte in Deutschland.

34 Der Berliner Tiergarten ist größer als Monaco.

35 Der Kölner Dom hatte eine Baudauer von 632 Jahren.

36 Es gibt 12.000 natürliche Seen in Deutschland.

37 Die Deutschen haben sie erfunden und wir lieben die kleinen Mitbewohner: Gartenzwerge. Etwa 25 Millionen stehen in deutschen Gärten.

38 Der schiefste Turm der Welt ist nicht der Schiefe Turm von Pisa, sondern steht in Ostfriesland. Der Kirchturm von „Suurhhausen" hat eine Neigung von 5,2 Grad, der Turm in Pisa indes von nur 4,0 Grad.

39 Die häufigsten Nachnamen der Deutschen sind Müller, Schmidt und Schneider.

40 Die häufigsten Vornamen zu finden, ist schwierig, da jede Generation so ihre Favoriten hat. Zu den seltensten, aber erlaubten Vornamen gehören Blaubeere, Gneisenauette oder Ikea. Hoffen wir, dass die betroffenen Kinder glücklich damit werden!Beim Lotto wird die Ziffer 13 am seltensten gezogen, am häufigsten die 38. Also: Das Kreuzchen an der richtigen Stelle setzen!Muss ein Krankenwagen einen Verbandskasten an Bord haben? Witzigerweise ja!

41 Während des Mauerfalls saß unsere Ex-Bundeskanzlerin Angela Merkel in der Sauna.

42 In Deutschland ist es illegal, auf Autobahnen ohne ersichtlichen Grund anzuhalten. Dies wird auch als Müdigkeitsgesetz bezeichnet und gilt als Sicherheitsmaßnahme.

43 Ein Deutscher hält den Weltrekord im Kürbisanbau. Im Jahr 2014 züchtete er einen Kürbis mit einem Gewicht von über 1.190 Kilogramm.

44 In Deutschland gibt es eine jährliche Meisterschaft im Kirschkernweitspucken. Der aktuelle Rekord liegt bei über 22 Metern.

45 Die Deutschen sind die größten Kaffeetrinker in Europa. Pro Kopf wird durchschnittlich mehr Kaffee getrunken als in den meisten anderen europäischen Ländern.

46 Deutschland hat mehr Schlüsselnotdienste pro Kopf als jedes andere Land. Dies könnte auf die deutsche Liebe zu Ordnung und Sicherheit zurückzuführen sein.

47 Deutschland ist der weltweit größte Exporteur von Weihnachtsbäumen. Der Großteil der exportierten Bäume geht nach Frankreich, Großbritannien und in die USA.

48 Die älteste Universität der Welt, die Ruprecht-Karls-Universität in Heidelberg, wurde 1386 gegründet und ist eine der ältesten Universitäten der Welt.

KURIOSE GESCHICHTEN

AUS ANDEREN LÄNDERN

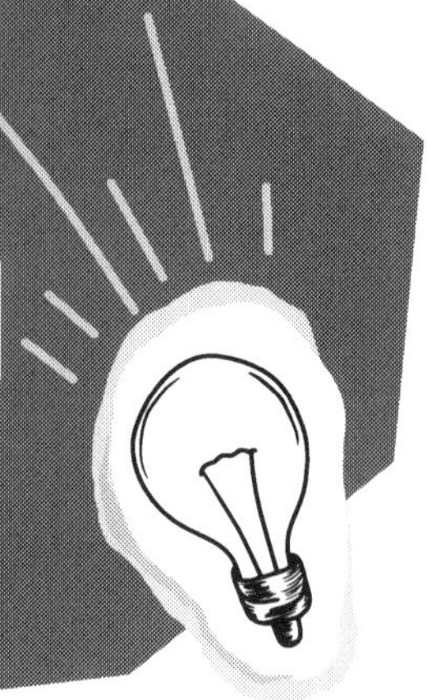

1 In Albanien nickt man für „Nein“ und schüttelt den Kopf für „Ja“.

2 In Japan gibt es eine Insel namens Okunoshima, die auch als „Kanincheninsel“ bekannt ist, weil sie von wilden Kaninchen bewohnt wird.

3 In Paris gibt es nur ein Stoppschild, dafür aber auch eine Freiheitsstatue, und man kann sowohl tote Personen als auch den Eiffelturm heiraten. Dafür darf man sein Schwein per Gesetz nicht Napoleon nennen.

4 Es ist in Schweden gesetzlich verboten, sein Haus zu fegen, wenn Menschen schlafen – es sei denn, man hat eine Genehmigung.

5 Griechen sind sehr abergläubisch. Bekommt man ein Kompliment zur Schönheit oder Gesundheit, wird geglaubt, das „böse Auge“ sehe einen an. Um dies abzuwehren, spuckt man drei Mal den zu Beglückwünschten an – allerdings nur symbolisch mit dem Spuckgeräusch „ftou ftou ftou“.

6 In Griechenland solltet ihr außerdem niemals ein Messer direkt überreichen, da dies dem Aberglauben zufolge einen Streit verursacht. Legt es lieber auf dem Tisch ab, damit die andere Person es sich selbst nehmen kann.

7 Australien ist die Heimat eines rosa Seevogels namens Kookaburra, der dafür bekannt ist, einen gackernden Ton zu machen.

8 Beim Bau des Stephansdoms in Wien wurde überschüssiger Wein, statt getrunken zu werden, zum Löschen des Kalks verwendet.

9 In Kanada gibt es eine Insel namens Dildo Island. Sie hat zwar nichts mit dem gleichnamigen Sexspielzeug zu tun, der Name sorgt aber dennoch für Schmunzeln.

10 Zwischen San Marino und Italien gibt es keine offizielle Grenzkontrolle. Für einen kleinen Obolus kann man sich aber seinen Reisepass als Souvenir in der Tourismusbehörde stempeln lassen.

11 In Island gibt es eine App namens ÍslendingaApp, die genutzt wird, um sicherzustellen, dass man nicht unbeabsichtigt mit einem nahen Verwandten flirtet, da die Bevölkerung vergleichsweise klein ist.

12 Ganz Monaco kann man zu Fuß in 52 Minuten von Norden nach Süden durchqueren – oder in 45 Minuten von Osten nach Westen.

13 In Indien gibt es einen „Ratten-Tempel" namens Karni Mata, der von Tausenden von Ratten bewohnt wird und als heilig gilt.

14 Die wohl kleinste Stadt der Welt ist mit insgesamt 30 Einwohnern der kroatische Ort Hum.

15 In Brasilien gibt es ein Dorf namens Nunca Vai Morrer („Es wird niemals sterben“).

16 In Russland gibt es die Transsibirische Eisenbahn, die die längste Eisenbahnstrecke der Welt ist.

17 In São Paulo, Brasilien, gibt es eine Osama-Bin-Laden-Bar, in der ihr von einem Doppelgänger Bin Ladens bedient werdet.

18 Das Nachbarland der Dominikanischen Republik Haiti ist das einzige Land, in dem Voodoo eine anerkannte Religion ist.

19 In Argentinien finden sich die meisten Psychologen pro Einwohner. Es gibt in Buenos Aires sogar ein Stadtviertel, das „Villa Freud“ heißt.

20 Die meisten Häuser in Ecuador besitzen nur eine schöne Fassade, alle anderen Seiten sind in der Regel unverputzt.

21 In Bolivien ist es üblich, Meerschweinchen zu essen – genauso wie in Peru, Ecuador, Kolumbien und einigen anderen Teilen Südamerikas.

22 In Costa Rica gibt es keine Adressen. Wenn man also einen Brief verschicken möchte, ist eine möglichst genaue Beschreibung der Umgebung erforderlich.

23 McDonalds-Fans sollten vielleicht nicht unbedingt nach Belize reisen, denn dort gibt es keine einzige Filiale der berühmten Fast-Food-Kette.

24 Frauen dürfen in der Stadt Tucson (Arizona) per Gesetz keine Hosen tragen.

25 Vegetarier haben es in Mexiko nicht leicht, denn Mexikaner können sich wohl kaum ein Leben ohne Fleisch vorstellen. 2012 wurden in dem Land etwa 63 kg Fleisch pro Person verputzt.

26 In Bangladesch gibt es einen von dem Millionär Ahsanulla Moni nachgebauten Taj Mahal.

27 In Hongkong kann man „Bra Studies" studieren – also BH-Wissenschaften.

28 Ein Mann darf in Bahrain zwar gynäkologische Untersuchungen durchführen, die weiblichen Geschlechtsorgane aber nicht direkt ansehen. Daher verwenden männliche Gynäkologen bei ihren Untersuchungen immer einen Spiegel.

29 In Tikrit (Irak) wurde ein Denkmal für den Menschen errichtet, der damals einen Schuh auf Georg W. Bush geworfen hat.

30 In Bhutan gibt es keine Verkehrssignale.

31 In Tadschikistan gilt eine Monobraue als absolutes Schönheitsideal.

32 Der Inselstaat Indonesien exportiert die meisten Froschschenkel.

33 In Kambodscha sind Taranteln eine Delikatesse. Dort isst man nämlich Tarantula Kebabs.

34 In Dubai fährt die Polizei Lamborghini oder ähnliche Sportwagen, um Raser einholen zu können. Außerdem gibt es dort Automaten, an denen man Goldbarren „abheben“ kann.

35 Der Rapper 50 Cent ist in Simbabwe als 400 Millionen Dollar bekannt.

36 Piraten machten früher auf den Seychellen Halt. Demnach soll auf der Hauptinsel immer noch ein Schatz von Olivier le Vasseur vergraben sein.

37 Bruder und Schwester allein in einem Zimmer – das gilt auf der Insel Tonga bereits als Inzucht.

38 Der Inselstaat Mauritius hat keine Amtssprache.

39 Nauru ist mit 21 km^2 die kleinste Republik der Erde und besitzt keine Hauptstadt.

40 Spanien ist das am dritthäufigsten besuchte Land der Welt und wird nur von den Vereinigten Staaten und Frankreich übertroffen.

41 Balinesische Babys werden überall hingetragen, da sie den Boden erst berühren dürfen, wenn sie 3 Monate alt sind.

42 Mexiko ist die Heimat des Axolotls, eines einzigartigen Salamanders, der sein ganzes Leben im Larvenstadium bleibt und niemals erwachsen wird.

43 In Norwegen gibt es eine Stadt namens Hell. Daher könnte man sagen, dass es manchmal in Hell friert.

44 In Südkorea gibt es eine Toilettenpapier-Achterbahn namens „Restroom Cultural Park“, die die Geschichte der Toiletten des Landes zeigt.

45 In der Schweiz gibt es ein Dorf namens Wasserschloss, das nicht von Wasser, sondern von Wäldern umgeben ist.

46 Es gibt in Thailand einen Tempel namens Wat Pho, der den größten liegenden Buddha der Welt beherbergt.

47 Wusstest du, dass die Höhe des Strafzettels bei einer Geschwindigkeitsüberschreitung in Finnland abhängig vom Einkommen ist?

48 In der Schweiz gibt es eine Statue, die 500 Jahre alt ist und laut Legenden Kinder frisst. Sie heißt Kindlifresserbrunnen.

49 In Ecuador gibt es keine Züge.

DIE ARBEITSWELT

UND IHRE BERUFE

1 Der erste Unternehmer, der seinen Mitarbeitern Samstag und Sonntag frei gab, um mehr Freizeit mit ihren Autos verbringen zu können, war der Industriemagnat Henry Ford. Erst hierdurch entstand das Konzept des Wochenendes.

2 Die Abkürzung UFO steht unter anderem für Unabhängige Flugbegleiter Organisation, die Gewerkschaft deutscher Flugbegleiter.

3 Piloten und Co-Piloten essen an Bord niemals das Gleiche. So ist es unwahrscheinlicher, dass beide gleichzeitig eine Lebensmittelvergiftung bekommen.

4 In Dänemark gibt es den Beruf der „Smørrebrødsjomfru" („Butterbrotjungfrau"), der sich mit der Herstellung und dem Verkauf des klassischen dänischen Smørrebrød befasst. Die Ausbildung dauert über drei Jahre.

5 Im Jahr 1971 gab es 606 anerkannte Ausbildungsberufe in Deutschland.

6 Im Jahr 2020 gab es noch 325 anerkannte Ausbildungsberufe.

7 Die beliebtesten Ausbildungsberufe im Jahr 2019 waren Kaufmann/-frau für Büromanagement, Kaufmann/-frau im Einzelhandel und Kraftfahrzeugmechatroniker*in.

8 Nur 4 % aller Auszubildenden zum/zur Kraftfahrzeugmechatroniker*in sind weiblich.

9 Laut einer Befragung macht die Ausbildung zum/zur Verwaltungsfachangestellten besonders glücklich. Um das herauszufinden, führt der Deutsche Gewerkschaftsbund (DGB) jährlich eine Umfrage unter Azubis in den 25 häufigsten Ausbildungsberufen durch.

10 Arbeitsplatzphobie bezeichnet die Angst vor dem Arbeitsplatz als Ort sowie vor Situationen, Gegenständen oder Personen, die mit dem Arbeitsplatz oder Arbeitsleben in Verbindung stehen.

11 In Japan ist es üblich, während des Jobs zu schlafen. Da dies ein Zeichen harter Arbeit ist, stellen sich manche Leute schlafend, um einen guten Eindruck zu machen.

12 Die Firma Carglass heißt in England Autoglass.

13 34 % aller Deutschen träumen nachts von ihrer Arbeit.

14 Mehr als drei Tassen Kaffee bei der Arbeit senken die Produktivität pro Tasse um ca. 5 %.

15 30 % aller Menschen, die im IT-Bereich arbeiten, halten ihre Arbeit vor Familie und Bekannten geheim, um nicht ständig wegen technischer Probleme nach Hilfe gefragt zu werden.

16 Laut einer Studie wechselt die durchschnittliche Person in Deutschland heutzutage etwa 12 bis 15 Mal im Laufe ihres Lebens den Job.

17 In Japan existiert die kulturelle Norm, dass die Mitarbeiter das Büro nicht vor ihrem Vorgesetzten betreten und auch wieder verlassen sollten.

18 Der Titel des ältesten Berufs der Welt wird oft dem Prostitutionsgewerbe zugeschrieben.

19 Der Spitzname „Doc“ für Ärzte entstammt dem lateinischen Wort „doctor“, was „Lehrer“ bedeutet.

20 Laut verschiedenen Umfragen gehört der Job des Zahnarztes zu den am wenigsten beliebten Berufen.

21 Der größte Prozentsatz von Telearbeitern wurde 2020 während der COVID-19-Pandemie verzeichnet, als viele Unternehmen auf Fernarbeit umstellten.

22 William Henry Harrison, der neunte Präsident der Vereinigten Staaten, hatte die kürzeste Amtszeit: Er starb nur 31 Tage nach Amtsantritt.

KENNST DU SCHON

DIESE WITZIGEN BERUFE?

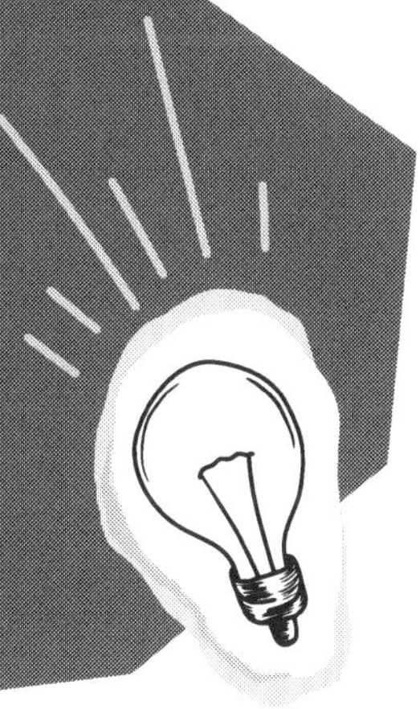

1 Deo-Tester – Wenn man gerne überall rumschnüffelt.

2 Glückskeks-Autor – Denn die unglaublichen Weisheiten müssen ja irgendwo herkommen.

3 Notenblatt-Umblätterer – Wenn der Pianist alle Hände voll zu tun hat.

4 U-Bahn-Stopfer – Damit die Bahn zur Sardinenbüchse wird.

5 Kaugummi-Entferner – Wenn die Bürgersteige mal wieder nach Hubba Bubba riechen.

6 Beerdigungs-Clown – Weil Beerdigungen noch nicht schrecklich genug sind.

7 Eincreme-Assistent – Wenn man am 5-Sterne-Pool Sonnenschutz braucht, aber klebrige Hände hasst.

8 Kondom-Tester – Damit auch nichts da landet, wo es nicht hingehört.

9 Wasserrutschen-Tester – Gibt sicher Schlimmeres.

10 Fahrrad-Fischer – Wenn in Amsterdam mal wieder 15.000 Fahrräder pro Jahr im Wasser landen.

11 Hundefutter-Vorkoster – Damit es Bello auch schmeckt.

12 Puppendoktor – Weil auch Plastik mal krank werden kann.

13 Wassernixe – Wenn man in den Pools in Las Vegas einfach schon alles gesehen hat.

14 Golfballtaucher – Wenn die Gäste im Country-Club mal wieder den Golfball in den Teich befördert haben.

15 Professioneller Ansteher – Wenn du keine Lust hast, es selbst zu tun.

16 Elefanten-Sperma-Entnehmer – Weil künstliche Befruchtung auch Dickhäuter etwas angeht.

17 Möbel-Probesitzer – Damit die Kunden bei Poco auch gut einen sitzen haben.

18 Lebende Schaufensterpuppe – Weil richtige Puppen zu viel Stundenlohn verlangen.

19 Kokosnüsse-Überwacher – Damit den Hotelgästen nichts um die Ohren fliegt.

20 Lego-Modellbauer – Noch einmal fünf sein.

21 Schlangenmelker – Damit Schlangi nicht mehr rumgiftet.

22 Eier-Trenner – Um die Spreu vom Weizen, äh, das Gelbe vom Weißen zu trennen.

23 Haiaquarien-Reiniger – Denn irgendwer muss es ja machen.

24 Apfel-Etikettierer – Damit der empfindliche Apfel keine unschönen Beulen bekommt.

25 Lebende Vogelscheuche – Damit am Züricher Flughafen keine Vöglein in die Triebwerke geraten.

26 Pferde-Zahnarzt – Bei so viel Zuckerkonsum wohl keine schlechte Idee.

27 Dialog-Abgewöhner – Isch waas es ned, was am Dialegd Babbele so foschbah is.

28 Porno-Historiker – Das wäre doch mal spannender Geschichtsunterricht.

29 Schlussmacher – Wenn andere keine Eier in der Hose haben.

BIZARRE EREIGNISSE

DER VERGANGENHEIT

1 In Australien führten Bauern 1932 einen „Emu-Krieg“ gegen eine Plage von Emus. Sie setzten sogar Maschinengewehre ein, hatten aber Schwierigkeiten, die flinken Vögel zu besiegen.

2 In der Stadt Straßburg ergriff 1518 eine mysteriöse Tanzwut die Bevölkerung. Hunderte Menschen tanzten tagelang unkontrolliert, einige sogar bis zum Tod.

3 Die USA schickten 1958 einen Affen namens Albert ins All, um die Auswirkungen von Weltraumreisen auf Lebewesen zu testen.

4 In Pinzgau, Österreich, brach 1828 eine „Beißer“-Epidemie aus, bei der Menschen plötzlich begannen, einander zu beißen. Die Ursache blieb ungeklärt.

5 Der erste Elefant in den USA, genannt „Old Bet“, wurde 1796 für 25 Cent Eintritt in New York ausgestellt. Dies markierte den Beginn von Elefantenauftritten in Amerika.

6 Bis 1948 musste bei Geburten im britischen Königshaus der Innenminister dabei sein.

7 Der erste Mann, der die Niagara-Fälle in einem Fass hinabfuhr, starb, nachdem er auf einer Bananenschale ausgerutscht war.

8 In Ontario, Kanada, führte der Bauernaufstand von 1837 zur Rebellion. Die Rebellen trugen als Erkennungszeichen Käse auf ihren Hüten.

9 Liechtenstein und Haiti hatten bis 1937 die gleiche Fahne. Aufgefallen ist dies erst 1936 bei den Olympischen Spielen in Berlin.

10 In Philadelphia, USA, kam es 1847 zu einer ungewöhnlichen Situation, als eine Brücke unter dem Gewicht von gelagerten Froschschenkeln zusammenbrach.

11 Im Zweiten Weltkrieg waren Ferntrauungen erlaubt, bei denen der abwesende Bräutigam durch einen Stahlhelm ersetzt wurde.

12 Im viktorianischen England waren Moustache Cups in Mode. Dabei handelte es sich um Tassen mit einer speziellen Lippe, die verhindern sollte, dass Schnurrbärte in Getränken landen.

13 In einer Kneipe in Oxford beklagten sich Studenten über den Wein. Die darauffolgende Schlägerei forderte 90 Tote.

14 Winston Churchill durfte bei der Parlamentswahl 1945 nicht abstimmen, weil er nicht im Wählerverzeichnis stand.

15 Auf der Insel San Juan zwischen den USA und Kanada kam es 1859 zu einem Konflikt, bekannt als „Schweinekrieg", bei dem ein getöteter Schweinestreit fast zu einem Krieg zwischen den Ländern führte.

16 Bis 1914 durfte man in den USA auch Kinder per Post verschicken.

17 In den 1920er Jahren entwickelte der österreichische Erfinder Edmund Tschauner einen Wagen mit einem speziellen Bremsmechanismus, bei dem eine riesige Bremsscheibe das Auto abbremste.

18 Der Mann, der Anne Frank verhaftete, arbeitete später für den BND.

19 In der Sowjetunion wurde 1930 ein Schimpanse namens Jonny wegen seiner Nähfähigkeiten ausgebildet und trat in einem Zirkus auf.

20 Im Jahr 1920 fiel der französische Präsident nachts aus seinem Zug und irrte im Pyjama umher, bis ihn ein Gleisarbeiter fand.

21 Die Nazis zwangen den Großvater von Billy Joel im Jahr 1938 dazu, seinen Textilversand unter Wert an Josef Neckermann zu verkaufen.

22 König Adolf Frederick von Schweden starb angeblich an einer Verdauungsstörung, nachdem er an einem opulenten Mahl teilgenommen hatte, das unter anderem Kaviar, Sauerkraut, Käse und Champagner enthielt.

23 Der Heilige Kassian, der Schutzpatron der Lehrer, wurde 303/304 von seinen Schülern mit deren Schreibgriffeln erstochen.

24 In den USA wurden Tomaten im 19. Jahrhundert als giftig angesehen. Um die Vorurteile zu brechen, organisierte Colonel Robert Gibbon Johnson eine „Tomatenschlacht“, bei der er vor einer Menschenmenge Tomaten aß, um ihre Harmlosigkeit zu beweisen.

25 In Nevada, USA, gibt es die Geisterstadt Berlin, die 1911 aufgegeben wurde.

26 Im April 1315 begann es in weiten Teilen Europas zu regnen; es hörte bis November nicht auf.

27 Im 17. Jahrhundert organisierten die Oberschichten in England „Hexenbälle“, bei denen sich Menschen als Hexen und Zauberer verkleideten und gemeinsam tanzten.

28 Das Bild „Le Bateau“ von Matisse hing 1961 verkehrt herum im Museum of Modern Art. Der Fehler wurde erst nach 47 Tagen bemerkt.

29 Zwischen Honduras und El Salvador brach 1969 ein Konflikt aus, der als „Hinkender Krieg“ bekannt wurde. Der Auslöser war ein Fußballspiel, das zu politischen Spannungen führte.

30 In der Antike war das Gymnasium ein Ort zum Nacktturnen.

31 In England sorgte die Einführung von Strümpfen mit modischen Farben für einen Aufstand, der als die „Große Sockenkrise“ bekannt wurde.

32 Der Ariernachweis wird von deutschen Behörden noch immer als Nachweis der Staatsangehörigkeit anerkannt.

33 Der Amerikaner David Bushnell baute während des Unabhängigkeitskrieges das erste U-Boot namens „Turtle“, das jedoch keinen militärischen Erfolg hatte.

34 Auf die Reise ins Jenseits bekam Tutanchamun 145 Unterhosen mit, aber nur vier Socken.

35 Während des Zweiten Weltkriegs wurden britische Agenten mit einer speziell trainierten Eule namens Winston ausgestattet, um Nachrichten zu überbringen.

36 Bis 1953 verloren deutsche Frauen ihre Staatsangehörigkeit, wenn sie einen Ausländer heirateten.

37 In Australien wurde ein Baum als „Der fahrende Baum“ bekannt, weil er sich aufgrund von Bodenbewegungen fortbewegte.

38 Weihrauch diente im Mittelalter auch dazu, den schlechten Geruch der Gläubigen zu überdecken.

39 Bis zum Jahr 1951 durften deutsche Lehrerinnen nicht heiraten. In Baden-Württemberg galt diese Regel sogar noch bis 1956.

40 Zwischen Honduras und Guatemala entbrannte ein Konflikt über die Besteuerung von Bananen, der als „Bananenkrieg“ in die Geschichte einging.

41 CDU und CSU forderten in den 1950er Jahren, Kinder schwarzer US-Soldaten und deutscher Mütter nach ihrem Schulabschluss aus Deutschland abzuschieben.

42 1965 haben im Kölner Dom mehrere hundert Muslime das Ende des Ramadans gefeiert. Ja, du hast richtig gelesen: im Kölner Dom!

43 In Boston, USA, brach 1919 ein Lager mit Melasse zusammen, wodurch eine Flut von klebrigem Sirup freigesetzt wurde, die mehrere Menschen tötete und Gebäude zerstörte.

44 In Wien brach 1800 eine Panik aus, als ein Gerücht über vergiftete Würste die Bevölkerung verunsicherte.

45 Im Jahr 1908 tanzte der Chef des deutschen Militärkabinetts als Ballerina verkleidet vor Kaiser Wilhelm II. – und fiel dabei tot um.

46 Zu Beginn des 18. Jahrhunderts mussten unverheiratete Berlinerinnen pro Monat zwei Groschen Jungfernsteuer zahlen.

47 Im Jahr 1825 legte der König von Baiern fest, dass man sein Land künftig mit Ypsilon zu schreiben habe – weil er alles Griechische liebte.

48 Als die Lufthansa 1985 gefragt wurde, warum sie keine Pilotinnen einstelle, gab sie als Begründung an, dass Frauen nicht logisch denken könnten und eine zu große Konkurrenz für die Männer im Cockpit seien.

49 Nachdem Kaiser Lothar III. im Jahre 1137 starb, wurde seine Leiche sechs Stunden lang gekocht. Diese Methode wird „mos teutonicus" genannt – die deutsche Art.

50 Als 1981 zum letzten Mal ein Todesurteil in Deutschland vollstreckt wurde, war der Hingerichtete unschuldig.

51 Das Pharma-Unternehmen Bayer brachte 1898 Heroin auf den Markt. Auf dem Beipackzettel standen nur zwei Nebenwirkungen: Verstopfung und Lustlosigkeit.

ERFINDUNGEN

UND TECHNISCHE FAKTEN

1 Das World Wide Web, das den Grundstein für das moderne Internet legte, wurde 1989 von Tim Berners-Lee erfunden.

2 Das Model Diane Dorsey führte am 5. Dezember 1938 in Los Angeles das neue „Aquaplane“ vor, ein von einem 4-PS-Motor angetriebenes Surfboard – im Grunde die Vorwegnahme des heutigen Jetskis.Alexander Graham Bell ließ das Telefon im Jahr 1876 patentieren und revolutionierte damit die Kommunikation weltweit.

3 Thomas Edison entwickelte im Jahr 1879 die erste praktische Glühbirne und trug wesentlich zur Nutzung der Elektrizität bei.

4 Die erste E-Mail der Welt wurde an die Adresse tomlinson@ bbntenexa geschickt.

5 Die kürzeste kontrollierbare Zeitspanne sind derzeit 12 Attosekunden.

6 Der moderne Computer wurde maßgeblich von Pionieren wie Alan Turing und John von Neumann beeinflusst.

7 Tote Sprache? Von wegen. Der finnische Radiosender YLE sendet einmal wöchentlich Nachrichten auf Latein.

8 Bluetooth wurde nach einem dänischen Wikingerkönig benannt und das Bluetooth-Logo zeigt dessen Initialen: die altnordischen Runen H und B für Harald Blåtand.

9 Karl Benz baute 1885 das erste benzinbetriebene Automobil, was den Weg für die Automobilindustrie ebnete.

10 Die Brüder Wright, Orville und Wilbur, führten 1903 den ersten motorisierten Flug durch.

11 Das erste YouTube-Video hieß „Me at the zoo" und war gerade einmal 18 Sekunden lang.

12 Die erste Ampel der Welt stand in London – und explodierte, da sie mit Gas betrieben wurde.

13 Philo Farnsworth gilt als einer der Erfinder des Fernsehens und reichte 1927 ein Patent für eine voll funktionsfähige elektronische Fernsehkamera ein.

14 Das erste kommerziell verfügbare Smartphone war das IBM Simon, das 1992 auf den Markt kam.

15 Eine Atomuhr geht erst nach fünf Milliarden Jahren falsch.

16 Der Abschuss-Code für US-Atomwaffen lautete lange Zeit: 00000000.

17 Die Knöpfe an Fußgängerampeln funktionieren nicht immer. Je öfter man drückt, desto schneller wird grün? Leider nicht. In der Tat macht es manchmal überhaupt keinen Unterschied, ob Fußgänger den Knopf an der Ampel betätigen oder nicht.

18 Heißes Wasser ist leichter als kaltes, denn Wärme beschleunigt die Bewegung der Wassermoleküle.

19 Und Cola light ist leichter als Cola. Im Vergleich zur 0,33-Liter-Dose Coca Cola, die 371 Gramm auf die Waage bringt, kommt die gleiche Dose mit Cola light nur auf 357 Gramm. In China gab es gefälschte Apple Stores. Die Fälschungen waren so gut gemacht, dass mitunter selbst die Mitarbeiter glaubten, sie würden tatsächlich für Apple arbeiten.

20 Der Mikroprozessor, der die Grundlage für moderne Computer bildet, wurde 1971 von Intel entwickelt.

21 Das Konzept des Internets der Dinge, bei dem Geräte miteinander vernetzt sind, wurde in den 1990er Jahren erstmals diskutiert und hat sich seitdem rapide weiterentwickelt.

22 Bhutan führte erst 1999 und damit als letztes Land der Welt das Fernsehen ein. Seitdem sind die Menschen quasi süchtig danach und verbringen weniger Zeit im Kreis der Familie.

23 Die erste 3D-Drucktechnologie wurde 1983 von Chuck Hull erfunden, was zu revolutionären Veränderungen in der Herstellung führte.

24 VR und AR haben in den letzten Jahren bedeutende Fortschritte gemacht und finden Anwendung in Bereichen wie Gaming, Medizin und Ausbildung.

EIN PAAR VERRÜCKTE

ERFINDUNGEN GEFÄLLIG?

1 Eine Erfindung, die Toilettenpapier direkt in das WC druckt, um den Benutzern den Bedarf an herkömmlichem Toilettenpapier zu ersparen.

2 Eine Jacke mit langen Ärmeln, die sich selbst umarmt, um Menschen das Gefühl von Umarmungen zu vermitteln, wenn gerade keine verfügbar sind.

3 Ein Helm, der mit einem GPS-System ausgestattet ist, um verlorene Schlüssel zu finden. Der Benutzer trägt den Helm und lässt sich vom Signal zum verlorenen Schlüssel leiten.

4 Eine Gabel mit integriertem Mechanismus, um Butter direkt auf Brotscheiben zu streichen, ohne dabei ein separates Messer zu verwenden.

5 Ein Anzug für Babys, der mit moppähnlichen Materialien ausgestattet ist, um den Boden zu reinigen, während das Baby krabbelt.

6 Ein Gerät mit einer ausfahrbaren Stange, um Golfbälle auf dem Grün aufzusammeln, ohne sich bücken zu müssen.

7 Ein spezieller Serviettenhalter für Menschen, die nur eine Hand benutzen können.

8 Ein Toaster, der auf gesprochene Befehle reagiert und das Brot nach den individuellen Vorlieben des Benutzers röstet.

9 Eine Vorrichtung, die wie ein Schirm am Kopf befestigt wird und automatisch ausfährt, um die Sonne aus dem Gesicht zu halten.

10 Eine Krawatte, die bereits gebunden ist und mit nur einer Hand um den Hals gelegt werden kann, um Zeit und Aufwand zu sparen.

11 Ein USB-Gerät in Form eines kleinen Tieres, das an den Computer angeschlossen wird und bei erfolgreicher Übertragung von Daten fröhlich hüpft oder summt.

12 Ein Löffel, der automatisch im Kaffee oder Tee rührt, um das manuelle Rühren zu vermeiden.

13 Ein Gerät, das automatisch die Länge der Zehennägel erkennt und sie trimmt, um das Bücken und die manuelle Arbeit zu minimieren.

14 Eine spezielle Kapuze oder ein Schutzschild, die/das entwickelt wurde, um Brillenträger vor Regen zu schützen, ohne die Sicht zu beeinträchtigen.

15 Eine Fliegenklatsche mit eingebauter Kamera, die automatisch ein Foto macht, wenn sie benutzt wird, um den Erfolg bei der Fliegenabwehr festzuhalten.

16 Ein Zahnseide-Spender mit automatischer Aufrollfunktion, um die Handhabung zu erleichtern.

17 Ein speziell gestalteter Kugelschreiber für Linkshänder, der das Verschmieren der Tinte verhindert.

18 Ein Helm, in den ein Haartrockner integriert ist, um das Haar beim Tragen zu trocknen.

19 Ein Papierspender, der auf gesprochene Befehle reagiert und Blätter freigibt, ohne dass man das Gerät berühren muss.

KÖSTLICHE
KURIOSITÄTEN

1 Die erste Nahrung war sehr wahrscheinlich ein Stück Fleisch, das ein Höhlenmensch auf dem Boden fand.

2 Coca Cola wäre ohne Farbstoffe grün.

3 Der Duft von Vanilleeis wird oft als beruhigend und schlaffördernd beschrieben.

4 Beim Essen einer Selleriestange werden mehr Kalorien verbrannt als aufgenommen.

5 Botanisch gesehen sind Bananen Beeren, während Erdbeeren keine sind.

6 1885 eröffnete das erste Selbstbedienungsrestaurant. Es durften nur Männer dort essen.

7 Ursprünglich waren Karotten violett und nicht orange. Die orangefarbene Variante wurde im 17. Jahrhundert in den Niederlanden gezüchtet.

8 Von den Azteken stammt das Wort Avocado. Es bedeutet Hoden.

9 In ägyptischen Grabstätten wurden immer noch Gläser mit essbarem Honig gefunden, die mehrere tausend Jahre alt sind.

10 Dynamit besteht zu kleinen Teilen aus Erdnüssen.

11 Im 19. Jahrhundert wurde Ketchup in den USA als Medizin verkauft und als Heilmittel für Magenprobleme beworben.

12 Der Verzehr von Chilis regt den Geschlechtstrieb an.

13 Die längste jemals gebackene Pizza war über 1,8 Kilometer lang und wurde in Neapel, Italien, hergestellt.

14 Rhabarber ist mit 12 Kalorien pro 100 Gramm das Gemüse mit der geringsten Kalorienanzahl – also perfekt für jede Diät!Im antiken Ägypten wurde Bier als Grundnahrungsmittel betrachtet und von Arbeitern täglich konsumiert.

15 Im Laufe seines Lebens isst der Mensch durchschnittlich 500 Gramm Insekten.

16 Eine Pizza mit Goldblättern und Kaviar gilt als die teuerste der Welt und kostet mehrere tausend Dollar.

17 35.000 Kekse verspeist der Mensch durchschnittlich in seinem Leben.

18 Im 18. Jahrhundert galten Tomaten in Europa als verdächtige Pflanzen und wurden als „Teufelsäpfel" bezeichnet.

19 Die Fertiggerichte der US-Soldaten können notfalls auch mit Urin zubereitet werden.

20 Astronauten können in der Schwerelosigkeit keine Brotkrümel essen, da diese schweben und in die Atemwege gelangen könnten. Daher werden Brotprodukte für sie oft in spezielle Formen gebracht.

21 Wenn man eine Rosine in ein Glas mit Champagner gibt, springt sie im Glas hoch und runter.

22 In den USA wurde Ketchup in den 1980er Jahren kurzzeitig als Gemüse in Schulmahlzeiten betrachtet, was zu kontroversen Diskussionen führte.

23 Das berühmte Getränk Champagner wurde früher als Medizin betrachtet und galt als heilend für Haut und Geist.

24 Die ideale Temperatur zum Einlegen von Gurken in Essig liegt bei etwa 20 °C.

25 Die längste jemals hergestellte Nudel war über drei Kilometer lang und wurde in Russland zubereitet.

26 Der längste Käse, der jemals hergestellt wurde, war über 30 Meter lang und wurde in den Niederlanden produziert.

27 Ein Team aus Italien brach den Rekord für die Herstellung der meisten Pizzen in einer Stunde, indem es 1.141 Pizzen zubereitete.

28 Die Blaue Forelle hat ihren Namen daher, dass sie nach dem Verzehr von bestimmten Algen einen leichten Geschmack von Urin entwickelt.

29 Safran, das aus den Blüten der Safrankrokusse gewonnen wird, ist das teuerste Gewürz der Welt, da die Ernte sehr arbeitsintensiv ist.

30 Der größte Schokoladenbrunnen der Welt wurde im Jahr 2007 gebaut und enthielt mehr als zwei Tonnen Schokolade.

31 Crêpes waren im mittelalterlichen Europa sehr beliebt und wurden sowohl zum Frühstück als auch zum Abendessen gegessen.

32 In Europa gibt es über 4.000 verschiedene Käsesorten – mehr als auf jedem anderen Kontinent.

33 Ein Drittel unserer Nahrung, also jeden dritten Bissen, verdanken wir Bestäubern wie Bienen, Schmetterlingen und Vögeln. Das bedeutet, dass eine unserer täglichen Mahlzeiten im Wesentlichen von der wichtigen Arbeit dieser Tiere abhängt.

34 In Deutschland sind über 300 verschiedene Brotsorten erhältlich, was eine größere Vielfalt bedeutet als in jedem anderen Land weltweit.

35 In Frankreich kommt Senf auf das Baguette.

36 Es gibt mehr mögliche Geschmackskombinationen mit Käse als Sterne in der Milchstraßengalaxie.

37 Joseph Fry & Son aus Bristol, England, entwickelte im Jahr 1847 den ersten Schokoriegel.

38 Äpfel, Kirschen und Himbeeren gehören alle zu den Rosengewächsen.

39 Mandeln sind eigentlich keine Nüsse, sondern Steinfrüchte, die mit Kirschen, Aprikosen und Pfirsichen verwandt sind.

40 Sowohl Oreos als auch Pringles wurden durch Zufall erfunden.

41 Für ein Glas Erdnussbutter werden etwa 600 Erdnüsse benötigt.

42 Der durchschnittliche Mensch isst etwa acht Spinnen in seinem Leben, ob er es weiß oder nicht.

43 Der größte bekannte Kürbis wog mehr als 1.200 Kilogramm und stammte aus Italien.

44 Äpfel schwimmen im Wasser, da der Luftanteil ihres Volumens 25 % beträgt.

45 Es gibt über 50.000 Reissorten.

46 Kaugummi kauen, während du Zwiebeln schneidest, hilft dir, nicht zu weinen.

47 Weintrauben explodieren, wenn du sie in die Mikrowelle legst. Probiere das nicht zu Hause aus!

48 Die älteste Frucht der Welt ist die Feige. Feigen gibt es schon seit mehr als 11.000 Jahren.

49 Jede vierte Kartoffel, die in den USA angebaut wird, wird für die Herstellung von Pommes frites verwendet.

50 Der Mensch hat etwa 50 % seiner DNA mit jener der Banane gemeinsam.

51 Eier sind eines der nährstoffreichsten Lebensmittel der Welt.

52 Vanille ist die einzige Frucht, die als Bohne wächst.

53 Im Durchschnitt verbringt der Mensch etwa 38 % seiner wachen Zeit mit Essen.

54 Gabeln wurden im 11. Jahrhundert erfunden.

55 Die erste Mahlzeit, die im Weltraum gegessen wurde, war getrocknetes Rindfleisch mit Gemüse.

56 Kaugummi gibt es schon seit über 5.000 Jahren.

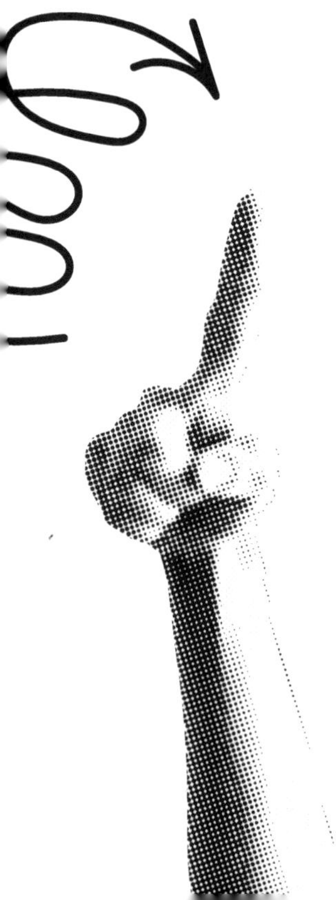

57 Schokolade wurde in Südamerika früher als Zahlungsmittel verwendet.

58 Das älteste Restaurant der Welt befindet sich in Deutschland: Das Restaurant Zum Franziskaner in Heidelberg bedient seine Gäste seit 1354.

59 Eis am Stiel wurde im Jahr 1905 von dem 11-jährigen Frank Epperson erfunden, der in San Francisco, USA, lebte.

HINTER DEN KULISSEN

DER FILMWELT

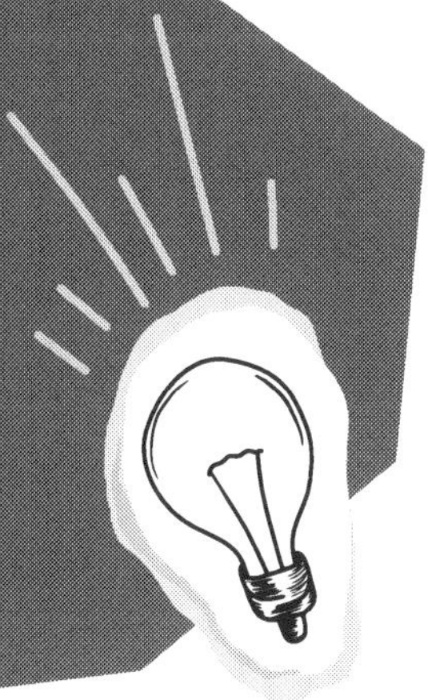

1 Als erster Film der Welt gilt der zwei Sekunden lange Kurzfilm „Roundhay Garden Scene“ von Louis Le Prince. Im Jahr 1888 war er noch weit von dem entfernt, was wir heute aus Film und Fernsehen kennen.

2 Der ursprüngliche Name von Buzz Lightyear in „Toy Story“ war Lunar Larry. Nach vielem Hin und Her wurde er schließlich zu Ehren des echten Raumfahrers Buzz Aldrin geändert.

3 Während der Dreharbeiten zu „A Quiet Place“ wurden echte Gehörlose als Berater hinzugezogen, um die Darstellung der tauben Charaktere authentischer zu gestalten.

4 Bei den Dreharbeiten zu „Blues Brothers“ gab es ein speziell für Kokain ausgewiesenes Produktionsbudget.

5 Der Film „Boyhood“ von Richard Linklater wurde über einen Zeitraum von zwölf Jahren gedreht, um das Heranwachsen des Hauptdarstellers zu dokumentieren.

6 Während der Filmaufnahmen zu einer Szene von „Django Unchained“ zog sich Leonardo DiCaprio versehentlich eine Schnittwunde an der Hand zu. Er blieb jedoch in seiner Rolle und schmierte das Blut am Ende in Kerry Washingtons Gesicht.

7 Stanley Kubrick verwendete für seinen Film „The Shining“ keine herkömmlichen Drehbücher. Stattdessen schrieb er die Szenen oft kurz vor dem Dreh, um den Schauspielern ein spontaneres Spiel zu ermöglichen.

8 In der Szene aus „Poltergeist“, in der JoBeth Williams durch einen Pool aus Knochen und Totenköpfen schwimmt, tauchte sie nicht durch Requisiten. Es waren echte Leichen.

9 Auch alle Würmer und Schlangen in der Schlussszene von „Der Hexenclub“ waren echt.

10 „John Carter – Zwischen zwei Welten“ gilt als einer der teuersten Filmflops aller Zeiten, da die Produktionskosten die Einnahmen weit überstiegen.

11 Steven Spielberg entwarf die Figur von E.T. nach einem Kuscheltier, das er selbst besaß, und integrierte es später in den Film „E.T. – Der Außerirdische“.

12 Ursprünglich wurde die Rolle der Julia in „Romeo und Julia“ mit Natalie Portman besetzt, als sie 13 Jahre alt war. Der Altersunterschied zwischen ihr und dem männlichen Hauptdarsteller Leonardo DiCaprio erwies sich jedoch als problematisch.

13 Das war aber nicht der einzige Vorfall am Set von „Romeo und Julia“: Einer der Maskenbildner wurde von Gangmitgliedern gekidnappt und erst gegen Lösegeld freigelassen.

14 In der „Matrix"-Trilogie wurde eine grünliche Farbpalette verwendet, um die düstere und künstliche Welt der Maschinen zu repräsentieren.

15 Paul Bateson, der in „Der Exorzist" einen Röntgenassistenten spielt, war ein verurteilter Mörder, der in den 1970er Jahren zahlreiche schwule Männer getötet und zerstückelt hat.

16 In der berühmten Schlittenszene in „Citizen Kane" wurde echter Schnee verwendet, der zuvor von einem Berg in Kalifornien geholt worden war.

17 Das Produktionsteam von „Die Unbestechlichen" gab 450.000 Dollar (was heute nahezu zwei Millionen Dollar entspricht) für den naturgetreuen Nachbau der Büroräume der Washington Post aus, zu dem sogar ihr Müll gehörte.

18 Die Szene, in der Bill Murray im Film „Und täglich grüßt das Murmeltier" einen Klavierkurs nimmt, nahm mehr als 100 Takes in Anspruch.

19 Die Rolle des Terminators wurde beinahe mit O. J. Simpson besetzt, James Cameron war jedoch der Ansicht, er sei „zu freundlich", um einen düsteren Charakter darzustellen.

20 Alfred Hitchcock hatte in den meisten seiner Filme einen kurzen Cameo-Auftritt. Einer der kürzesten erfolgte in „Lifeboat", wo nur seine charakteristische Silhouette gezeigt wurde.

21 Gene Kelly hatte bei der Aufnahme des Titelsongs „Singin' In The Rain" von „Du sollst mein Glücksstern sein" 39,4 °C Fieber.

22 In „Cast Away" mit Tom Hanks wurde eine echte Boeing 747 für die Bruchlandungsszene verwendet, da es zu teuer war, sie zu animieren.

23 Das Geräusch, das in „Jurassic Park" für die Velociraptoren verwendet wurde, ist in Wirklichkeit eine Aufnahme zweier Schildkröten beim Sex in Endlosschleife.

24 Die emotionale Szene, in der Robin Williams Matt Damon in „Good Will Hunting" umarmt, war improvisiert und wurde in einem einzigen Take aufgenommen.

25 Bei „Nightmare Before Christmas" dauerten die Aufnahmen für nur eine einzige Minute eine geschlagene Woche.

26 Viele der Tiere in „Life of Pi" waren computergeneriert, der Tiger wurde jedoch von einem echten bengalischen Tiger namens Richard Parker inspiriert.

27 Der größte Teil des Dialogs in „The Blair Witch Project" wurde improvisiert. Den Darstellern wurden lediglich Notizen ausgehändigt, in denen die allgemeine Richtung der Handlung an diesem Drehtag umrissen war.

28 In „Star Wars: Episode I – Die dunkle Bedrohung" gibt es eine Szene, in der E.T.-ähnliche Wesen zu sehen sind, die als eine Art Verbindung zu Steven Spielbergs „E.T." interpretiert werden.

29 In „Der Herr der Ringe: Die zwei Türme" gibt es eine Szene, in der Aragorn einen Helm wegkickt, vor Qual aufschreit und auf seine Knie fällt. Es hat sich herausgestellt, dass seine Reaktion damit begründet war, dass er sich in Wirklichkeit einen Zeh gebrochen hat.

30 Daniel Radcliffe sollte eigentlich während der gesamten „Harry-Potter"-Filme grüne Kontaktlinsen tragen, um mit der Beschreibung der Figur in den Büchern übereinzustimmen.

31 In „Twilight: Breaking Dawn" wurde die Geburtsszene so intensiv dargestellt, dass sie in einigen Ländern zensiert oder abgeändert wurde.

32 Der Schauspieler R. Lee Ermey improvisierte die berüchtigte Beleidigungsszene in „Full Metal Jacket" und soll dabei eine ungewöhnlich große Anzahl von Schimpfwörtern verwendet haben.

33 Jeremy Irons bekam mitten in der Aufnahme zu „Be Prepared" für den „König der Löwen" Probleme mit der Stimme. Der Song wurde von Jim Cummings zu Ende gebracht – auch bekannt als die Originalstimme von Pu, dem Bären.

34 Fast alle Stunts in „Mad Max: Fury Road" wurden ohne CGI (Computer Generated Imagery) durchgeführt, was den Film zu einem Meisterwerk der praktischen Stunteffekte macht.

35 In „The Revenant" mit Leonardo DiCaprio wurden viele Szenen bei extremen Kältebedingungen gedreht, um eine authentische Atmosphäre zu schaffen.

36 Der allererste Oscar, der an einen afroamerikanischen Schauspieler verliehen wurde, ging 1940 an Hattie McDaniel aus „Vom Winde verweht".

37 Der berühmte Dialog „Ich liebe dich / Ich weiß" aus „Star Wars" war im Originaldrehbuch nicht enthalten, sondern lediglich ein Vorschlag von Harrison Ford.

38 Die berühmte Schlussszene in „The Graduate" wurde spontan und ohne besondere Regieanweisungen gedreht, was zu einem ikonischen Moment führte.

39 Robert De Niro bezahlte für die Verunstaltung seiner Zähne für die Rolle in „Kap der Angst" 5.000 Dollar an einen Zahnarzt und weitere 20.000 dafür, sie hinterher wieder in Ordnung bringen zu lassen.

40 Walt Disney hält den Rekord für die meisten gewonnenen Oscars in einem Jahr: 1954 gewann er vier Oscars für vier verschiedene Filme.

41 Für seine Rolle als Drogensüchtiger in „Ferris macht blau" blieb Charlie Sheen 48 Stunden lang am Stück wach, um ein „authentisches Aussehen" zu bekommen.

42 James Cameron verbrachte mehr Zeit mit Tauchexkursionen zur Titanic als die Originalpassagiere Zeit auf dem Schiff.

43 Camerons Bemühen um Authentizität über den ganzen Film hinweg trug dazu bei, ein Geheimnis um das Schiffswrack zu lüften.

44 Nachdem ein Astrophysiker sich an James Cameron gewandt und ihm mitgeteilt hatte, dass die Sternkonstellation, zu der Rose hinaufblickt, während sie auf der Tür im Ozean treibt, fehlerhaft war, überarbeitete er die Szene für den Director's Cut zum zehnten Jahrestag.

45 Die Figur des Mannes, der am Ende von „Titanic“ aus einem Flachmann trinkt, basiert auf einem echten Passagier, der in direkter Folge seines Blutalkoholspiegels im Atlantik überlebt hatte.

46 Wenn alle in der Gegenwart spielenden Szenen aus „Titanic“ entfernt würden, sodass nur die übrigblieben, die 1912 spielen, hätte der Film eine Länge von 2 Stunden und 40 Minuten – genau der Zeitraum, den die Titanic zum Sinken brauchte.

47 Während eines Essens mitten in den Dreharbeiten von „Titanic“ wurde die gesamte Crew einschließlich der Darsteller mit einer Muschelcremesuppe vergiftet.

48 Der Film „My Dinner with Andre“ besteht hauptsächlich aus einem langen Dialog; die Dialoge wurden improvisiert und die Schauspieler hatten die Freiheit, ihre eigenen Geschichten einzubringen.

49 James Cameron bekam die Idee für „The Terminator“ während eines Fieberschlafs in Rom, in dessen Zuge er von einem Albtraum mit einem metallischen Endoskelett inspiriert wurde.

50 In der Netflix-Serie „The Witcher“ wurden echte Wölfe für die Darstellung der magischen Kreaturen verwendet, anstatt auf CGI zurückzugreifen.

51 Die Szene in „Do the Right Thing“, in der Spike Lee eine Pizza wirft, wurde mit einer echten Pizza gedreht, die von einer Pizzeria extra für die Szene hergestellt wurde.

FINANZEN

UND WÄHRUNGEN

1 Derzeit gibt es weltweit über 160 Währungen.

2 Der Euro ist jetzt die Landeswährung in 20 EU-Mitgliedstaaten und wird von annähernd 350 Millionen Menschen verwendet.

3 Das Euro-Symbol € wurde von dem belgischen Designer Alain Billiet entworfen und repräsentiert den griechischen Buchstaben Epsilon, der für Europa steht.

4 Die Länder, die den Euro verwenden, bilden gemeinsam die Eurozone, die am 1. Januar 1999 offiziell eingeführt wurde.

5 Das Hauptgebäude der Europäischen Zentralbank (EZB), die für die Geldpolitik der Eurozone verantwortlich ist, befindet sich in Frankfurt am Main.

6 Der Euro ist eine der wichtigsten Reservewährungen der Welt und wird von vielen Zentralbanken außerhalb der Eurozone gehalten.

7 Am 1. Januar 2002 wurden die Eurobanknoten und -münzen erstmals als physische Zahlungsmittel in den teilnehmenden Ländern eingeführt.

8 Die Eurobanknoten zeigen keine spezifischen Länder, um eine neutrale Darstellung zu gewährleisten und die Einheit der Eurozone zu betonen.

9 Eurobanknoten werden alle sieben bis zehn Jahre erneuert, um ihre Sicherheitsmerkmale zu aktualisieren und Fälschungen zu erschweren.

10 Alle Euromünzen haben eine gemeinsame Seite, die das Europamotiv zeigt, dass eine mythische Figur aus der griechischen Mythologie darstellt.

11 Die Euromünzen haben eine gemeinsame Seite, aber auch eine einheitliche Dicke, unabhängig vom Nennwert. Das macht es für Blinde einfacher, die verschiedenen Münzen zu unterscheiden.

12 Die Umlaufmenge aller Euromünzen beläuft sich auf ca. 126 Milliarden Stück.

13 Die kleinste Banknote der Welt ist gemäß dem Guinnessbuch der Rekorde der rumänische Bani-Schein aus dem Jahr 1917. Dieser war 33 x 45 mm groß.

14 Die größte Banknote der Welt stammt von den Philippinen. Sie passt in keinen Geldbeutel, gilt aber als offizielles Zahlungsmittel.

15 Auf Kuba existieren zwei Währungen: eine für Einheimische, eine für Touristen.

16 Das Pfund ist etwa 1.200 Jahre alt und damit die älteste Währung der Welt, die immer noch in Gebrauch ist.

17 Manche isländischen Banknoten zeigen Bilder von Elfen und anderen mystischen Wesen, um den Glauben an die Naturgeister im Land zu bewahren.

18 Die 50-Rupien-Banknote auf den Seychellen zeigt die Coco de Mer, eine seltene Doppelkokosnuss, die auf den Inseln heimisch ist.

19 Palau hat auf seinen Münzen Abbildungen von Dinosaurierfossilien, die auf der Hauptinsel gefunden wurden.

20 Auf den Fidschi-Inseln ziert das Bild des berühmten Entdeckers und Seefahrers William Bligh die Zwei-Dollar-Note. Sein herausragendes Merkmal ist sein markanter Bart.

21 Singapur hat eine 1.000-Dollar-Note, auf der der nationale Orchideengarten abgebildet ist.

22 Argentinien hat einen Fünf-Peso-Schein, auf dem ein Dinosaurier abgebildet ist.

23 Kanada hat eine Fünf-Dollar-Münze, die als „Lebkuchenhaus-Geld“ bekannt ist, weil sie durch ihre Form an ein solches erinnert.

24 Mosambiks Metical-Banknoten zeigen Bilder, die die Vielfalt der Kultur und Geschichte des Landes repräsentieren, einschließlich traditioneller Tänze und Kunsthandwerk.

25 Die Antarktis hat einen eigenen Dollar, der von der Antarktischen Währungsbank ausgegeben wird und bei Touristen als Souvenir beliebt ist.

26 Es gibt zwei Geldautomaten in der Antarktis.

27 Laut der Deutschen Bundesbank sind offiziell immer noch Banknoten und Münzen im Wert von mehr als 12,6 Milliarden DM in Umlauf.

28 Die Redewendung „Geld stinkt nicht“ kann man nicht wörtlich nehmen, das dürfte bekannt sein. Der seltsam muffige Geruch, der oft von Münzen ausgeht, entsteht durch organische Moleküle aus der menschlichen Haut, sogenannte Lipidperoxide, die durch Eisen und Kupfer schneller verdunsten.

29 Wissenschaftler der New York University haben auf einem Geldschein etwa 3.000 verschiedene Arten von Bakterien, DNA-Spuren, Pilze und Krankheitserreger nachgewiesen.

30 10.040 Euro Taschengeld bekommt ein Kind in Deutschland bis zu seinem 18. Geburtstag durchschnittlich.

31 Egal, in welcher Währung: Die Herstellung eines Geldscheins kostet zwischen 0,02 und 0,1 Euro.

32 Ausgemusterte Geldscheine werden in Deutschland in genau 800 Schnipsel zerhäckselt.

33 Geld kann man bedenkenlos mitwaschen. Wenn es zu heiß wird, kann es jedoch ein wenig schrumpfen.

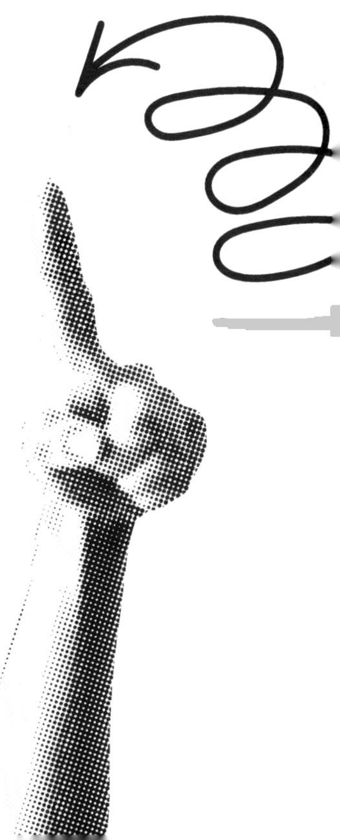

34 In den USA konnten bis zum Jahre 1908, dem Gründungsjahr der FED (Zentralbanksystem), alle Banken ihr eigenes Geld drucken.

35 Die Investitionen und Geldreserven von Apple überschreiten das Bruttoinlandsprodukt von Ungarn, der Slowakei, Marokko, Ecuador usw.

36 Die weltweit erste Bank wurde im Jahre 1472 in Italien gegründet und trug den Namen Monte Dei Paschi di Siena. Sie ist auch heute noch aktiv.

37 Die stärkste Inflation der Welt ereignete sich im November 2008 in Simbabwe: Die Inflationsrate betrug zur Höchstzeit 90 Trilliarden Prozent, die Preise verdoppelten sich täglich.

38 Der „Barber Index" ist ein ungewöhnlicher Wirtschaftsindikator. Wenn mehr Menschen ihre Haare schneiden lassen, wird angenommen, dass die Wirtschaft wächst, da die Menschen mehr Geld für derartige Luxusgüter ausgeben.

39 Der „Fluch der Börsenmakler" ist ein Phänomen, bei dem eine ungewöhnlich hohe Anzahl von Börsenmaklern in den Jahren nach einer Finanzkrise stirbt.

40 Die wertvollste Aktie der Welt ist Berkshire Hathaway mit einem Aktienkurs von 490.000 Euro.

41 Bis 1912 waren olympische Goldmedaillen noch aus massivem Gold.

42 Mit den richtigen Muscheln kann in Papua-Neuguinea noch immer bezahlt werden. Diese werden zu Plättchen geschlagen, geschliffen und auf Schnüre aufgereiht. Allerdings akzeptieren nur noch sehr wenige Händler diese Art von Bezahlung.

43 Die Schweden leben nahezu bargeldlos.

44 Das Papiergeld wurde von den Chinesen erfunden und erstmals im 7. Jahrhundert in China unter Kaufleuten verwendet.

FRAUEN

VS. MÄNNER

1 Frauen haben XX-Chromosomen, Männer XY-Chromosomen.

2 Auf der Erde leben 6.974.036.375 Milliarden Menschen. Davon sind 3.517.255.725 Milliarden männlichen und nur 3.456.780.650 weiblichen Geschlechts.

3 In Deutschland leben rund 80,2 Millionen Menschen. Rund 41 Millionen weiblichen Einwohnern stehen etwas mehr als 39 Millionen Männer gegenüber.

4 Auch in Berlin sind die Frauen vorne: Insgesamt 3.517.424 Menschen leben dort, davon sind 1.784.227 weiblich und 1.717.645 männlich.

5 Im Schnitt braucht der Mann vier Minuten bis zum Höhepunkt, die Frau dagegen elf.

6 Der Orgasmus eines Mannes dauert im Durchschnitt sieben Sekunden.

7 1,1 kg Fleisch essen Männer pro Woche – und damit doppelt so viel wie Frauen. Dabei liegen Empfehlungswerte bei 300 bis 600 Gramm innerhalb von sieben Tagen.

8 Fünf Jahre länger ist die Lebenserwartung für Frauen als jene für Männer.Frauen sprechen im Schnitt 16.215 Wörter am Tag, Männer 15.669.

9 In Sachen Bildung liegen Frauen und Männer zumindest in einem Punkt gleichauf: Jeweils vier Prozent haben keinen Schulabschluss.

10 Von den Männern haben 36 Prozent die Realschule besucht und abgeschlossen, bei den Frauen sind es 34 Prozent.

11 30 Prozent der Frauen haben Abitur oder die Fachhochschulreife – bei den Männern sind es sieben Prozent mehr.

12 Das durchschnittliche Heiratsalter bei Männern liegt bei 37,2 Jahren und bei Frauen bei 34,4 Jahren.

13 Männer verbringen 15,8 Stunden in der Woche mit Haushalt und Familie, Frauen hingegen 26,5 Stunden.

14 Frauen in der Schweiz verdienen nach der Geburt eines Kindes klar weniger als vergleichbar qualifizierte Männer in ihrer Situation.

15 Frauen sind häufiger Opfer von Gewalttaten als Männer.

16 Frauen bekommen zwar monatlich weniger Rente, beziehen allerdings deutlich länger (und erhalten somit insgesamt mehr).

17 266 Minuten arbeiten Frauen pro Tag ohne Bezahlung, Männer nur 108 Minuten.

18 Zwei Drittel ihrer gesamten Arbeitszeit leisten Frauen unbezahlt. Das betrifft vor allem die Kinderbetreuung, die Haushaltsführung und die Pflege von Angehörigen. Diese Versicherungszeiten fehlen bei der Pension.

19 Frauen haben höhere Östrogen- und Progesteronspiegel, während Männer höhere Testosteronspiegel aufweisen.

20 Männer neigen dazu, mehr Muskelmasse und eine höhere Knochendichte zu haben.

21 Frauen haben in der Regel einen höheren Körperfettanteil.

22 Frauen haben begrenzte Eizellen und erleben einen Menstruationszyklus. Männer produzieren kontinuierlich Spermien.

23 Einige Studien deuten darauf hin, dass Frauen in verbalen Fähigkeiten möglicherweise stärker sind, während Männer möglicherweise in räumlichen Aufgaben besser abschneiden.

24 Frauen neigen dazu, ihre Emotionen offener auszudrücken. Männer zeigen möglicherweise eher Zurückhaltung bei der Offenlegung ihrer Gefühle.

25 Männer könnten in bestimmten Situationen risikobereiter sein als Frauen.

26 Statistisch gesehen haben Frauen tendenziell eine längere Lebenserwartung als Männer.

27 Studien deuten darauf hin, dass Frauen tendenziell eine höhere Schmerztoleranz haben als Männer.

28 Frauen neigen dazu, engere soziale Netzwerke zu pflegen und intensivere zwischenmenschliche Beziehungen zu haben. Männer können eher in größeren sozialen Gruppen agieren.

29 Frauen sind oft proaktiver in Bezug auf Gesundheitsvorsorge und medizinische Versorgung. Männer könnten weniger geneigt sein, ärztliche Hilfe in Anspruch zu nehmen.

30 Frauen können tendenziell besser mit chronischem Stress umgehen, während Männer möglicherweise besser mit akutem Stress zurechtkommen.

31 Mädchen entwickeln in der Regel früher Sprachfähigkeiten als Jungen.

32 Männer neigen dazu, sich stärker für technische Themen zu interessieren, während Frauen sich möglicherweise mehr für soziale und kreative Aktivitäten interessieren.

33 Frauen haben tendenziell eine höhere Körpertemperatur als Männer.

34 Frauen könnten eher dazu neigen, längeren und qualitativ besseren Schlaf zu bevorzugen. Männer könnten eher zu Schlafstörungen neigen.

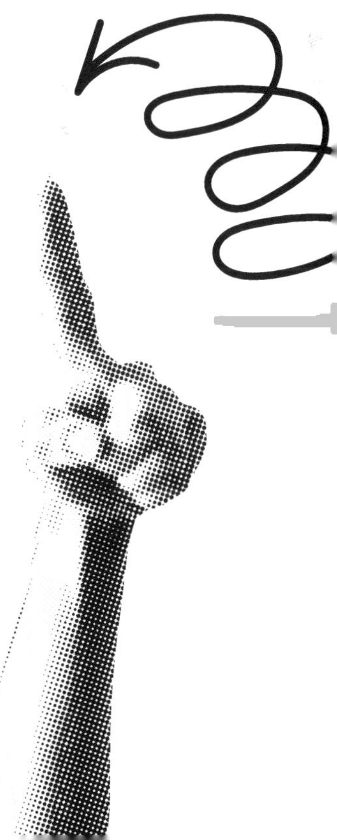

35 Studien zeigen, dass die Sprachzentren im Gehirn bei Frauen stärker ausgeprägt sein könnten.

36 Es wird vermutet, dass Frauen eine höhere Schmerzwahrnehmung haben als Männer.

37 Frauen könnten eine höhere Hitzetoleranz haben, während Männer möglicherweise besser mit Kälte zurechtkommen.

38 Es gibt Unterschiede in der Händigkeit, wobei Männer häufiger linkshändig sind als Frauen.

39 Im Schnitt weinen Frauen öfter, sind sozialer, einfühlsamer, besser in Sprachen und interessieren sich eher für andere Personen.

40 Im Schnitt prügeln sich Männer öfter, sind dominanter, risikofreudiger, besser in räumlichem Denken und interessieren sich eher für Dinge.

41 Männer haben möglicherweise ein höheres Risiko für Herzkrankheiten, während Frauen ein höheres Risiko für Osteoporose und Autoimmunerkrankungen haben.

42 Frauen verlassen ihr Elternhaus in den europäischen Ländern durchschnittlich zwei Jahre früher als Männer.

43 Frauen sind fast sechsmal häufiger alleinerziehend als Männer.

44 Aufgrund ihrer höheren Lebenserwartung gibt es mehr Frauen als Männer in der EU.

45 Krebs, ischämische Herzkrankheiten (z. B. Herzinfarkt) und zerebrovaskuläre Krankheiten (z. B. Schlaganfall) sind in der EU die drei häufigsten Todesursachen – sowohl bei Frauen als auch bei Männern.

46 Fast ein Drittel der erwerbstätigen Frauen arbeitet in Teilzeit.

47 Rund ein Drittel der Führungskräfte in der EU sind Frauen.

48 Frauen verdienen im Durchschnitt 15 % weniger als Männer.

49 Der Anteil der Männer in der EU, die wöchentlich Alkohol konsumieren, ist höher als der entsprechende Anteil der Frauen.

50 Im Jahr 2014 galten 57 % der Männer in der EU als übergewichtig, was heißt, dass sie einen Body-Mass-Index von mindestens 25 hatten. Bei den Frauen traf das auf 43 % zu.

51 Im EU-Durchschnitt greifen Frauen häufiger zu Büchern als Männer (42 % der Frauen und 31 % der Männer).

52 Sie besuchen auch öfter Live-Veranstaltungen wie zum Beispiel Konzerte (30 % der Frauen und 28 % der Männer).

53 Beim Besuch von Sportveranstaltungen war der Anteil der Männer allerdings deutlich höher als jener der Frauen in der EU (21 % der Männer und 13 % der Frauen).

54 Frauen nutzen im Internet häufiger soziale Netzwerke, Männer lesen indes häufiger Online Nachrichten.

EINBLICKE

IN DIE GALAXIE

1 Vor rund 13,81 Milliarden Jahren entstand das Universum durch den sogenannten Urknall.

2 Unser Sonnensystem ist rund 4,6 Milliarden Jahre alt.

3 Die absolute Tiefsttemperatur im Weltall liegt bei minus 273,15 °C.

4 Die Sonne nimmt mehr als 99 Prozent der Masse des Sonnensystems ein. Sie ist ungefähr 300.000 Mal so schwer wie unser Heimatplanet.

5 Wenn die Sonne so groß wie eine übliche Eingangstür wäre, wäre die Erde so groß wie ein 5-Cent-Stück.

6 Der Raum zwischen den Sternen in unserer Galaxie ist nicht völlig leer. Es gibt dort Staub, Gas und sogar einzelne Atome.

7 Mathematisch gesehen ist die Existenz von Weißen Löchern möglich. Diese stellen quasi eine Umkehrung von Schwarzen Löchern dar.

8 Auf dem Mars würde die Sonne auf- und untergehen wie auf der Erde, allerdings mit einem leicht bläulichen Sonnenaufgang.

9 Fußabdrücke und Reifenspuren auf dem Mond werden nicht verschwinden, denn auf der Mondoberfläche gibt es keine Winde, die den Sand verwehen und die Spuren unsichtbar machen könnten.

10 Ein Teelöffel Materie von einem Neutronenstern würde auf der Erde mehrere Milliarden Tonnen wiegen.

11 Auf Saturn und Jupiter regnet es Diamanten. Dieses Phänomen wurde 2013 durch ein amerikanisches Forscherteam entdeckt.

12 Oh, und es gibt einen anderen Planeten, auf dem es horizontal Glas regnet.

13 Unsere Galaxie bewegt sich in Richtung eines mysteriösen „Great Attractor", einer großen Konzentration von Massen im Kosmos, obwohl wir nicht genau wissen, was es ist.

14 Würde man sich ohne Schutzanzug im Weltraum aufhalten, würde das Blut zu kochen beginnen.

15 Aufgrund der Gravitationskräfte und der Geschwindigkeit der Raumsonden bewegt sich die Zeit auf der Erde im Vergleich zu den Raumsonden unterschiedlich schnell.

16 Im Weltraum gibt es riesige Wolken aus Methanol-Alkohol, die Milliarden von Litern enthalten.

17 Es gibt mehr Bäume auf der Erde als Sterne in der Milchstraße.

18 Es gibt aber mehr Sterne im Universum als Sandkörner auf der Erde.

19 Einige Planeten außerhalb unseres Sonnensystems sind sogenannte „Hot Jupiters“: Gasriesen, die extrem nahe an ihren Sternen kreisen und extrem heiße Temperaturen aufweisen.

20 Der gesamte Weltraum ist vollkommen still. Das liegt daran, dass im Weltall ein Vakuum herrscht; es ist also keine Luft vorhanden.

21 Die größte bekannte Galaxie ist die IC 1101, die etwa sechs Millionen Lichtjahre breit ist.

22 1977 wurde ein starkes Radiosignal aus dem Weltraum empfangen, das als „Wow!-Signal“ bekannt wurde. Die Quelle des Signals wurde nie identifiziert.

23 Der Mensch weiß mehr über den Mars und den Mond als über die Ozeane der Erde.

24 Wir können eine Sonnenfinsternis deshalb erleben, weil die Sonne genau 400 Mal so groß wie der Mond ist, der Mond sich aber 400 Mal näher an der Erde befindet.

25 Ein Tag auf dem Merkur dauert länger als ein Jahr auf der Erde, da der Planet sich sehr langsam um die Sonne bewegt.

26 Es gibt einen Asteroiden, der Ringe hat wie der Saturn.

27 Der Zwergplanet Pluto verfügt auf seiner Oberfläche über eine Herzform, die auf Bildern der Raumsonde New Horizons deutlich zu erkennen ist.

28 Es gibt auch einen Planeten, der aus Diamanten besteht und zweimal so groß wie die Erde ist.

29 Einer der Saturnmonde ist walnussförmig, weil er einige Saturnringe absorbiert hat.

30 Ein Asteroid namens „16 Psyche" besteht schätzungsweise zu 16 % aus reinem Nickel-Eisen und könnte theoretisch mehrere Billionen Dollar wertvolle Metalle wie Gold und Platin enthalten.

31 Astronauten der ISS sehen täglich 15 Sonnenauf- und -untergänge.

32 Sonnenuntergänge auf dem Mars erscheinen in einem Blauton.

33 Der größte Asteroid im Sonnensystem hat einen Durchmesser von sage und schreibe 530 Kilometern.

34 Sämtliche Planeten des Sonnensystems würden zwischen die Erde und den Mond passen.

35 Die Sonne erscheint weiß, aber tatsächlich gibt es in ihrem Lichtspektrum alle Farben des Regenbogens.

36 Die Atmosphäre der Erde streut das Sonnenlicht und lässt die Sonne gelblich erscheinen.

37 Der Mars ist nur von Robotern bewohnt.

38 Es gibt eine Region im Weltraum, in der manchmal Schatten von Sternen vorbeifliegen.

39 Der „Witch's Broom Nebula" ist ein Überrest einer Supernovaexplosion und sieht aus wie ein Besen, der durch den Raum fliegt.

40 Das Weltraumteleskop Hubble hat beeindruckende Bilder von Nebeln und Galaxien geliefert, die oft als Kunstwerke betrachtet werden.

41 Sternschnuppen sind kleine Gesteinskörner, die beim Eintritt in die Erdatmosphäre verglühen.

42 Meteoriten sind faustgroße (oder größere) Gesteins- bzw. Eisenbrocken, die nicht vollständig verglühen.

43 Asteroiden sind Kleinstplaneten, die sich in einer Umlaufbahn um unsere Sonne bewegen.

44 Kometen sind „schmutzige Schneebälle" aus Glas und Eis. Sie umkreisen das Sonnensystem auf anderen Bahnen.

45 Über 500 Astronauten und Kosmonauten waren bisher im Weltall, davon aber nur ca. 200 im Außeneinsatz.

46 Neptun, Saturn und Venus sind drei Badeorte in Rumänien.

47 Die Tag-Nacht-Grenze, also jene Grenze, die die mit Licht bestrahlte Seite der Erde von der unbelichteten Schattenseite trennt, wird auch „Terminator" genannt.

48 Ein Mensch könnte im Weltall zwei Minuten ohne Schutzanzug überleben.

49 Die NASA lässt für einige ihrer Mitarbeiter spezielle Armbanduhren produzieren, die die Tageszeit auf dem Mars darstellen.

50 Asien ist flächenmäßig größer als der Mond. Während dessen Oberfläche nur 37.932.330 Quadratkilometer misst, kommt Asien auf 44.580.000 Quadratkilometer.

51 Die 1963 ins All geschickte Valentina Tereshkova war die erste Frau, die im Weltraum war.

52 Wissenschaftler konnten bestätigen, dass auf Enceladus, einem Saturnmond, Unmengen an Wasser zu finden sind.

53 Da sich die Erde von Jahr zu Jahr langsamer um die Sonne dreht, ist jedes Jahr eine Sekunde länger als das vorherige.

54 Seitdem Pluto vor circa 75 Jahren entdeckt wurde, hat er bis jetzt lediglich ein Drittel seines Weges um die Sonne zurückgelegt.

55 Nach aktuellem Wissensstand ist die Erde der einzige bekannte Planet, auf dem ein Feuer brennen kann. Alle anderen bekannten Planeten besitzen nicht ausreichend Sauerstoff dafür.

56 Die Venus dreht sich lediglich mit 6,5 Kilometern pro Stunde um die eigene Achse. Man könnte sie somit schneller zu Fuß umrunden als sie sich selbst.

57 Helium ist das einzige Element, das nicht zuerst auf der Erde entdeckt worden ist. Man entdeckte es stattdessen 1868 in Form von bisher unbekannten Spektrallinien im Licht der Sonne.

INTERNET, SOCIAL MEDIA

& GAMING

1 Etwa 70 Prozent aller versendeten E-Mails sind Spam. Der Spam-Filter ist also eine der vielleicht unterschätztesten Erfindungen des Internets.

2 In jeder Minute werden durchschnittlich 204 Millionen E-Mails verschickt. Da ein Tag aus 1.440 Minuten besteht, macht das 293,76 Milliarden Mails – jeden Tag.

3 Im Schnitt erhält jeder Berufstätige am Tag 26 geschäftliche E-Mails. In Deutschland verbringen Männer deutlich mehr Zeit online als Frauen: durchschnittlich 175 Minuten am Tag, während es bei den Frauen nur 125 Minuten sind.

4 Woher kommt das Wort „Surfen"? 1992 benutzte die Amerikanerin Jean Armour Polly diesen Begriff erstmals in ihrem Artikel „Surfing the Internet" – und der erschien in einem Fachmagazin für Bibliothekare.

5 Ganze 30 Prozent der Deutschen greifen bei der Partnersuche auf Online-Dating zurück.

6 Mittlerweile sollen mehr als eine Million Babys geboren worden sein, deren Eltern sich über die Plattform „match.com“ kennengelernt haben.

7 Netflix ist tatsächlich älter als Google. Schon 1997 wurde der Videodienst gegründet – ein Jahr früher als die Suchmaschine.

8 Mitte Juni 2024 verzeichnete das Netzstatistikportal Internet Live Stats weltweit mehr als 2,9 Milliarden Webseiten.

9 Wusstest Du, dass ein Viertel aller Suchanfragen bei Google pornografischen Inhalt hat?

10 Wusstest Du, dass „Sex“ nicht das am meisten gesuchte Wort in Internet-Suchmaschinen ist? Stattdessen suchen laut dem US-Webanalysten Hitwise die meisten Surfer nach „YouTube“ und „Facebook“.

11 Eigentlich sollte die Suchmaschine Googol heißen, nach einem mathematischen Begriff für eine Eins gefolgt von hundert Nullen.

12 Ostdeutsche verbringen erheblich mehr Zeit im Internet als Bürger aus den alten Bundesländern.

13 Über die meisten Breitbandanschlüsse verfügt tatsächlich der karibische Inselstaat Bermuda. Ob das etwas mit den vielen Briefkastenfirmen dort zu tun hat, ist nicht gesichert.

14 Als Staat wäre Facebook mit seinen mittlerweile über eine Milliarde Menschen zählenden Mitgliedern die drittgrößte Nation der Welt, übertroffen lediglich von Indien und China.

15 Die erste Webcam der Welt war die Trojan-Room-Kaffeemaschinen-Webcam, die eine Kaffeemaschine überwachte.

16 Wusstest Du, dass der erste jemals auf eBay verkaufte Artikel ein kaputter Laserpointer gewesen sein soll?

17 Der Versand von Werbe-E-Mails verbraucht jeden Tag so viel Strom wie eine ganze Metropole.Unter „stupidedia.org" finden sich satirische Lexikoneinträge zu allen möglichen Themen; es handelt sich dabei um die „Stiefschwester" von Wikipedia.

18 Die Wayback Machine zeigt unter der Adresse archive.org, wie Internetseiten früher ausgesehen haben. Die kleinste Internetseite ist unter der guimpg.com erreichbar und misst gerade einmal 18 mal 18 Pixel.

19 Umgerechnet veröffentlicht die Gemeinde der Video-Sharing-Seite YouTube Videomaterial in der Länge von 176.000 Kinofilmen – und das jede Woche.

20 Alle kennen den Like-Button auf Facebook. Aber wusstest Du auch, dass dieser ursprünglich Awesome-Button heißen sollte?

21 Jemand, der auf Twitter eine Million oder mehr Follower hat, wird auch „Twillionair" genannt.

22 Im Durchschnitt verbringen wir in unserem Leben fünf Jahre und drei Monate in den sozialen Medien.

23 Kennst Du den Grund dafür, dass die Farbe von Facebook blau ist? Ganz einfach, das liegt an der Rot-Grün-Blindheit von Mark Zuckerberg.

24 Rate mal, welche Speise am häufigsten auf Instagram abgebildet wird. Pizza! Gefolgt von Sushi und Steak.

25 Der ursprüngliche Name von Facebook lautete tatsächlich Facemash.

26 YouTube war zunächst als Video-Dating-App angedacht und sollte Tune in Hook up heißen.

27 Facebook zählt in den USA zu den Hauptgründen, die als Scheidungsursache angeführt werden.

28 YouTube zelebriert den 1. April. Jedes Jahr werden Millionen User ausgetrickst. Beim ersten Mal stellten sie ihre Seite auf den Kopf.

29 Als 2011 Snapchat gegründet wurde, hatte es einen viel niedlicheren Namen, nämlich Picaboo.

30 Auf Facebook kannst Du die Systemsprache auf Piraten umschalten. LinkedIn gilt als das soziale Netzwerk mit dem höchsten Bildungsstand. Etwa die Hälfte der User hat einen Universitätsabschluss, die anderen 50 Prozent behaupten es.

31 Fast alle Snapchat-Nutzer (genauer gesagt 93 Prozent) haben schon mal ein Foto ihres Getränkes versendet.

32 Erklärvideos (How-to-tutorials) gehören zu den beliebtesten Videokategorien auf YouTube. Am häufigsten gesucht wurde bisher „How to kiss“, gefolgt von „How to tie a tie“ (Wie man eine Krawatte bindet).

33 Instagram hatte vor dem Launch ebenfalls einen anderen Namen: Codename. Letztlich disponierte man um und kreierte

den Namen Instagram, indem man die Begriffe „insta camera“ und „telegram“ verband.

34 60 Prozent der Facebook-Nutzer würden ihr Profil löschen, wenn man ihnen dafür 500 Euro gibt. Etwa 20 % aller Videos auf YouTube haben mit Musik zu tun.

35 Facebook zahlt dir eine Summe ab 500 Dollar, wenn du eine Sicherheitslücke findest und sie meldest.

36 Facebook hat zwei Jahre benötigt, um 50 Millionen Personen zu erreichen.

37 Obwohl „niemand mehr auf MySpace ist“, hat die Plattform heute 200 Millionen registrierte Benutzer.

38 Facebook wächst jede Sekunde um acht Personen. Das entspricht 691.200 Personen am Tag.

39 Evan Williams wollte seine Plattform ursprünglich „Friendstalker“ nennen. Mit diesem Namen hätte Twitter wohl kaum eine so riesige Anhängerschaft erhalten.

40 Der durchschnittliche Internetnutzer besitzt 7,6 Social-Media-Accounts.

41 Es werden pro Jahr 200 Milliarden Tweets auf Twitter erstellt.

42 Die CDs des Spiels FIFA 2001 nutzten die „Scratch & Sniff“-Technologie. Wenn jemand an der CD gekratzt hat, roch sie nach dem Torf eines Fußballfelds.

43 Das erste grafische Videospiel wurde bereits im Jahr 1952 entwickelt: „OXO“ (auch „Noughts and Crosses“ genannt) war ein klassisches Tic-Tac-Toe-Spiel.

44 Die Videospielindustrie verdient mehr Geld als die Filmindustrie.

45 Minecraft wurde 2009 von dem schwedischen Programmierer Markus „Notch“ Persson entwickelt. Fünf Jahre später hat er das Spiel für 2,5 Milliarden Dollar an Microsoft verkauft.

46 Der vietnamesische Entwickler Dong Nguyen hat Flappy Bird nach etwa einem Jahr kommentarlos aus dem App-Store gelöscht, da das Spiel seiner Aussage nach süchtig gemacht hat und dadurch dem Grundsatz eines „Gelegenheitsspiels“ widersprach. Das kostenlose Spiel hat täglich ca. 50.000 Dollar durch In-App-Werbung eingenommen.

47 60 % aller Einnahmen mobiler Spiele kommen von nur 0,23 % der Spieler.

48 Chirurgen, die mit einer Videospielkonsole aufwuchsen, machen durchschnittlich 37 % weniger Fehler als Chirurgen, die in ihrer Kindheit keine Videospiele gespielt haben.

49 Die U.S. Air Force verwendete 1.760 Playstation-3-Systeme, um einen Supercomputer zu entwickeln. Sie nutzte Playstations, da diese günstiger und energiesparender als andere Technologien waren.

50 Der Erfinder des Pokémon-Universums, Satoshi Tajiri, wurde durch das Fangen von Raupen zu seiner Idee inspiriert. Als Kind wollte er sie alle einfangen, um zuzusehen, wie sie sich entwickeln.

DIE VIELFALT

VON WETTER UND KLIMA

1 Die Atmosphäre besteht hauptsächlich aus Stickstoff (etwa 78 %) und Sauerstoff (etwa 21 %) sowie Spurengasen wie Argon und Kohlendioxid.

2 Es gibt verschiedene Klimazonen auf der Erde, darunter äquatoriale, tropische, gemäßigte und polare Zonen, die durch Breitengrade beeinflusst werden.

3 Der scheinbar blaue Himmel entsteht durch die Streuung von Sonnenlicht in der Atmosphäre, wobei kürzere Wellenlängen stärker gestreut werden.

4 Schneeflocken haben aufgrund der komplexen Molekularstruktur des Wassers eine erstaunliche Vielfalt an Formen.

5 Je windiger es ist, desto größer sind die Regentropfen.

6 Kein Scherz: Große Regentropfen können mehr als 20 Kilometer pro Stunde auf den Tacho bringen.

7 Regentropfen sind nur kugelförmig, wenn ihr Durchmesser kleiner als zwei Millimeter ist. Größere Tropfen sind rund, ganz große Tropfen flachen beim Fallen ab und sehen dann eher aus wie kleine Burger-Patties.

8 Wenn es regnet, kommen die Menschen laut einer Studie später zur Arbeit.

9 Das Wort „Pfütze" kommt aus dem Lateinischen und bedeutet so viel wie Grube oder Brunnen.

10 Regenwasser enthält unter anderem Gase, Keime und Partikel aus der Luftverschmutzung und ist deshalb nicht als Trinkwasser geeignet.

11 Der durchschnittliche Regentropfen hat eine Größe von 0,6 bis 3 Millimetern.

12 Der Begriff „Regenwurm" kommt vermutlich nicht vom Wort „Regen", sondern von seiner „regen" Tätigkeit. Im 16. Jahrhundert hieß das Tierchen noch „reger Wurm".

13 Wenn der gesamte Jahresniederschlag der Erde nur über Deutschland niederginge, stünden wir 1,4 Kilometer tief unter Wasser.

14 Der Geruch von Regen heißt Petrichor.

15 Die Sportart Darts wurde angeblich wegen eines Regenschauers erfunden. Der Legende nach hat ein Regenguss die Teilnehmer eines Bogenschießwettkampfes in eine Bar getrieben, in der sie den Wettbewerb mit gekürzten Pfeilen fortgesetzt haben.

16 Es gibt Tiere, die auf Wetteränderungen reagieren. Beispielsweise verhalten sich Katzen nervös, bevor ein Sturm aufzieht.

17 Es gab Berichte über „tierische Regenfälle", bei denen Fische, Frösche oder andere kleine Tiere vom Himmel fallen. Dies wird oft durch Wirbelstürme oder starke Winde verursacht.

18 In der Stadt Cherrapunji in Indien kann es bis zu 40 Tage lang ununterbrochen regnen. Diese Region hält den Rekord für die längste anhaltende Regenzeit.

19 Es gibt Theorien, die besagen, dass ein Blitzschlag in den Boden das Potenzial hat, kleine Erdbeben auszulösen.

20 Kondensstreifen von Flugzeugen können das Wetter beeinflussen, indem sie zu Wolken heranwachsen und die Temperatur in bestimmten Höhenlagen erhöhen.

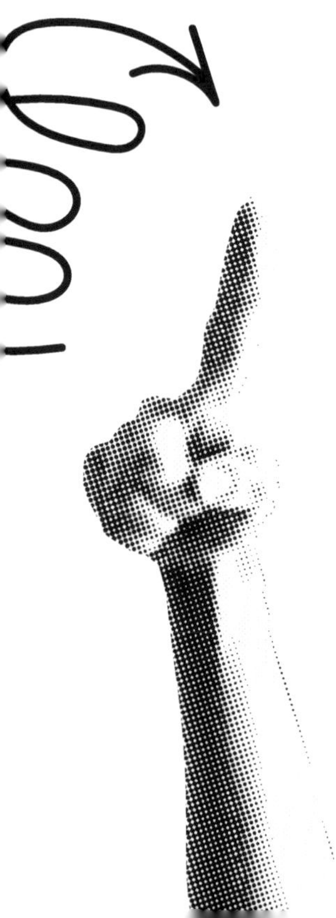

21 Termiten sind bedeutende Methanproduzenten. Ihr Verdauungssystem setzt Methan frei, was mit einem Beitrag zum Treibhauseffekt einhergeht.

22 Der Klimawandel hat Auswirkungen auf den Weinbau und Winzer müssen möglicherweise ihre Traubensorten anpassen. In einigen Regionen könnten neue Weinanbaugebiete entstehen.

23 Der größte Kälteeinbruch auf der Erde wurde 1983 in der Antarktis gemessen, als die Temperatur auf erstaunliche -128,6 Grad Fahrenheit (-89,2 °C) sank.

24 Staub und winzige Partikel aus dem Weltraum fallen ständig auf die Erde; jedes Jahr gelangen Tonnen von Mikrometeoriten in die Atmosphäre und erreichen so die Erde.

25 Es gibt Berichte über einen Regen von roten Spinnen in Brasilien. Dieses Phänomen tritt auf, wenn bestimmte Spinnenarten an Fäden durch die Luft schweben.

26 In einigen Regionen, zum Beispiel im Nordosten von Indien, wurde blauer Regen gemeldet. Dies ist auf den Transport von farbigen Partikeln aus Wüstensand zurückzuführen.

27 Es hat in der Wüste Sahara mehrmals geschneit. Dieses seltene Ereignis führt zu atemberaubenden Landschaften mit sandigen Dünen, die von Schnee bedeckt sind.

28 Die Abwärme von Klimaanlagen in städtischen Gebieten kann dazu beitragen, dass sich die Temperaturen lokal erhöhen, was als „Stadtwärme“ oder „Urban Heat Island“ bezeichnet wird.

29 Wissenschaftler haben Wodkaflaschen mit einem speziellen Sensor ausgestattet und in die Arktis geschickt, um Meereisbewegungen zu verfolgen. Die klare Flüssigkeit ermöglichte es den Forschern, durch das Eis zu sehen.

30 Der Klimawandel hat in einigen Regionen dazu geführt, dass archäologische Artefakte auftauen, die zuvor in gefrorenem Boden konserviert waren. Dies ermöglicht neue Entdeckungen, birgt aber auch Herausforderungen für den Denkmalschutz.

31 Gummienten wurden in den Ozeanen freigesetzt, um die Strömungsmuster der Meere zu studieren. Diese Entenreisen haben geholfen, mehr über die Meeresströmungen zu erfahren.

32 Die Viehzucht trägt zur Emission von Methan bei, einem starken Treibhausgas. Kühe sind besonders dafür bekannt, bei der Verdauung beträchtliche Mengen Methan zu produzieren.

33 Der Klimawandel beeinflusst auch den Mount Everest. Schmelzende Gletscher legen immer wieder Überreste von Bergsteigern frei, die in vergangenen Jahrzehnten verunglückt sind.

34 Der Klimawandel bezieht sich auf langfristige Veränderungen hinsichtlich Temperatur, Niederschlag, Winden und anderen Wettermustern. Die reichsten zehn Prozent der Weltbevölkerung, wozu auch ein Großteil der Deutschen gehört, sind für mehr als die Hälfte der weltweiten Treibhausgase verantwortlich.

35 Wegen der Treibhausgasemissionen ist unser Planet seit Beginn der Industrialisierung bereits um knapp 1,1 °C wärmer geworden.

36 Nie war die CO_2-Konzentration in der Atmosphäre in den vergangenen zwei Millionen Jahren höher als heute.

37 Ein Kind, das heute zur Welt kommt, wird im Durchschnitt doppelt so viele Waldbrände, doppelt bis dreimal so viele Dürren, dreimal mehr Ernteausfälle und sieben Mal häufiger Hitzewellen erleben als seine Großeltern.

38 Im Jahr 2020 zwangen extreme Unwetter 30 Millionen Menschen zur Flucht – dreimal mehr, als durch Konflikte vertrieben wurden.

39 Deutschland ist für die Klimakrise so verantwortlich wie nur wenige andere Länder. Nur die USA, China und Russland haben seit Beginn der Industrialisierung durch das Verbrennen von Kohle, Öl und Gas mehr CO_2-Emissionen verursacht.

KURIOSE GESETZE

WELTWEIT

1 In England darf eine Briefmarke, die die Königin oder den König abbildet, nicht kopfüber aufgeklebt werden.

2 In Frankreich ist es verboten, sich auf Bahnübergängen zu küssen.

3 In Großbritannien gibt es seit 1934 ein Gesetz, das das Ungeheuer von Loch Ness – sofern es existiert – unter Naturschutz stellt.

4 1896 wurde festgelegt, dass ein Fußballfeld in Deutschland baumfrei sein muss.

5 In Australien sind Barbetreiber dazu verpflichtet, das Pferd ihrer Kunden nicht nur unterzustellen, sondern den Vierbeiner auch zu füttern und mit Wasser zu versorgen.

6 Im Irak ist es gesetzlich verboten, an Sonntagen Schlangen zu verspeisen.

7 Jeder, der in der Bibliothek der britischen Stadt Widnes in Cheshire einschläft, muss zur Strafe fünf Pfund entrichten.

8 In England dürfen Taxifahrer nur dann gegen das Heck ihres Fahrzeuges urinieren, wenn sich ihre rechte Hand am Fahrzeug befindet.

9 Es ist in Kanada strengstens verboten, ohne „lebenssicherndes Gerät" aus einem Flugzeug zu springen.

10 In Singapur kann mit einer Geldstrafe belegt werden, wer nach der Benutzung der Toilette vergisst, die Spülung zu betätigen. Polizisten in Zivil überprüfen regelmäßig die öffentlichen Toiletten.

11 In Chicago ist es illegal, nur mit einem Pyjama bekleidet angeln zu gehen.

12 In der Schweiz ist das Betätigen einer Klospülung nach 22 Uhr verboten.

13 In Singapur ist der Verkauf von Kaugummis verboten; diese sind nur auf ärztliche Anweisung erhältlich.

14 Küssen in der Öffentlichkeit ist in Dubai verboten.

15 Auf den Philippinen ist es untersagt, „My Way" von Frank Sinatra zu singen, da es seinetwegen zu Zwischenfällen bis hin zu Mord gekommen ist.

16 In Turkmenistan wird entweder richtig oder gar nicht gesungen, denn Playback ist dort verboten.

17 In Burundi ist kollektives Laufen nicht erwünscht, da die Bürger während des Bürgerkriegs in großen Gruppen loszogen, um Spannungen abzubauen und sich vor den gefährlichen Milizen zu schützen.

18 Die populären Überraschungseier von Ferrero sind in den USA tatsächlich verboten. Der Grund: die Furcht, Kinder könnten sich am Inhalt der Überraschung im gelben Plastikbehälter verschlucken. Der Import wird mit 2.500 Dollar pro Ei bestraft.

19 In China sind Filme mit Zeitreisen strengstens verboten.

20 In Nordkorea ist das Tragen von Jeans und Piercings verboten. Dies ist als restriktive Maßnahme gegen westliche Mode zu verstehen, der Pyongyang einen schädlichen Einfluss auf die nordkoreanische Gesellschaft vorwirft.

21 An den Stränden von Eraclea, wohin viele Sommerurlauber reisen, um Ruhe vor den Menschenmassen im benachbarten Venedig zu finden, können Schaufel und Eimer getrost zu Hause gelassen werden: Das Bauen von Sandburgen am Strand ist nicht gestattet.

22 In Alabama, USA, ist es einerseits verboten, mit geschlossenen Augen zu fahren, andererseits aber erlaubt, in entgegengesetzter Richtung in eine Einbahnstraße zu fahren, solange der Fahrer vorne eine Laterne führt.

23 In Denver, USA, dürfen an Sonntagen keine schwarzen Autos gefahren werden.

24 In Georgia, USA, darf nicht aus fahrenden Autos oder Bussen gespuckt werden.

25 In Kalifornien, USA, darf der Fahrer ab einer Geschwindigkeit von 65 Meilen pro Stunde (105 km/h) weder aus seinem fahrenden Fahrzeug springen noch dabei mit einem Bademantel bekleidet sein.

26 In Alabama, USA, ist es illegal, Dominees und Minen zu spielen.

27 Das Zerstören von Geldscheinen mit dem Bild des Königs wird in Thailand mit Gefängnis bestraft.

28 In Kanada ist es gesetzlich vorgeschrieben, sein Auto zu verriegeln, wenn man es verlässt – auch in Privathäusern.

29 In Paris, der Stadt der Liebe, ist es tatsächlich verboten, sich zu küssen. Natürlich nicht überall, aber in Bahnhöfen und Zügen ist das Küssen laut Gesetz untersagt.

30 Nackt Auto zu fahren ist in Deutschland erlaubt. Wer aber unbekleidet aus dem Wagen steigt, riskiert ein Bußgeld in Höhe von 40 Euro. In allen deutschen Bundesländern dürfen an den sogenannten stillen Feiertagen, zum Beispiel an Karfreitag, keine Sport- oder Tanzveranstaltungen durchgeführt werden.

31 In Indien ist die Einreise mit Satellitentelefonen strengstens untersagt.

32 Wer in die Vereinigten Arabischen Emirate, etwa nach Dubai oder Abu Dhabi, einreist, sollte dringend auf die Mitnahme von E-Zigaretten verzichten.

33 In Costa Rica ist es untersagt, Milchprodukte und Fleisch sowie Obst und Gemüse zu importieren.

34 Die Stadt Leadwood, USA, hat es Piloten verboten, während des Fluges Wassermelonen zu essen.

35 Spaß verboten! Ledige, geschiedene und verwitwete Frauen dürfen in Florida, USA, an Sonn- und Feiertagen nicht Fallschirm springen.

36 Wer in Indiana, USA, Knoblauch gegessen hat, muss vier Stunden warten, bevor er wieder legal ins Theater darf.

37 In Las Vegas, USA, ist es illegal, sein Gebiss zu verpfänden.

38 In North Dakota, USA, ist es illegal, beim Schlafen Schuhe zu tragen. Die Amerikaner haben wohl die kuriosesten Gesetze!Na dann, gute Nacht! In Pennsylvania, USA, ist es verboten, auf einem Kühlschrank zu schlafen.

39 In New York, USA, ist es verboten, aus der U-Bahn heraus weiße Kaninchen mit einer Pistole abzuschießen. Ob es bei andersfarbigen Kaninchen erlaubt ist?

40 In New York, USA, ist es untersagt, einen Alligator in der Badewanne zu halten.

41 Jeder Londoner Taxifahrer ist per Gesetz dazu verpflichtet, einen Heuballen im Kofferraum mitzuführen – ein altes Gesetz aus der Zeit, als die Taxen noch von Pferden gezogen wurden.

42 Den Bürgern von York ist es immer noch erlaubt, nach Sonnenuntergang und innerhalb der Stadtmauern einen Schotten mit Pfeil und Bogen zu erschießen.

43 Das russische Parlament verabschiedete im Jahr 2000 ein Gesetz, welches es Haustierbesitzern verbietet, ihre Lieblinge zu essen.

44 Seit 1993 ist es in Russland verboten, Bienen und Wespen zu töten – außer in Notwehr.

45 In Victoria, Australien, ist es nur staatlich lizenzierten Elektrikern erlaubt, eine Glühbirne zu wechseln.

46 Groteskerweise ist es in Frankreich legal, einen Toten zu heiraten, sofern man nachweisen kann, dass der Verstorbene den überlebenden Partner heiraten wollte.

47 In China ist es illegal, ohne Genehmigung einen Pandabären zu besitzen.

DER MENSCHLICHE KÖRPER

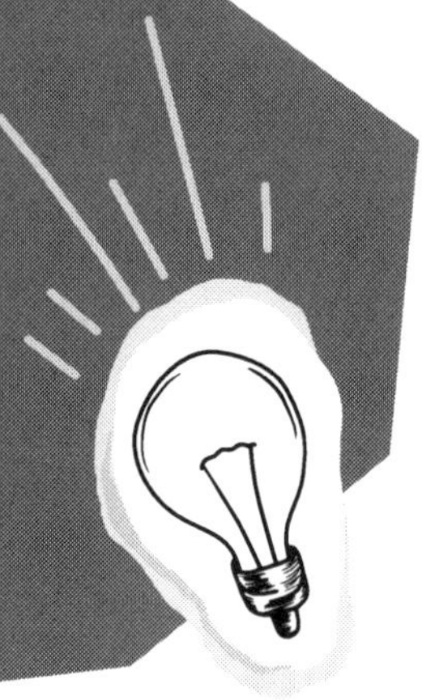

1 Die Oberfläche der Haut beträgt 1,5 bis 2 Quadratmeter und macht 20 Prozent des menschlichen Körpergewichts aus.

2 Dein Körper bildet 200 Milliarden rote Blutkörperchen – und das jeden Tag.

3 Dein großer Zeh trägt fast die Hälfte deines Körpergewichts.

4 Beim Husten werden kleinste Teile mit bis zu 1000 Kilometer pro Stunde aus der Lunge nach draußen befördert.

5 Der stärkste Muskel des menschlichen Körpers ist der Kaumuskel.

6 Morgens bist du drei Zentimeter größer, weil sich in der Nacht die Zwischenwirbelscheiben mit Flüssigkeit füllen. Durch Bewegung baut sich diese Flüssigkeit wieder ab.

7 Das Blut rauscht in weniger als einer Minute durch den gesamten Kreislauf.

8 In unserem Blut befinden sich neben Eisen, Kupfer, Zink und anderen Stoffen bei einem Körpergewicht von etwa 70 Kilogramm auch durchschnittlich 0,2 Milligramm Gold. Das Edelmetall gelangt unter anderem über die Nahrung in unserem Körper und ist bis zu einer gewissen Menge unschädlich.

9 Fingernägel wachsen dreimal so schnell wie die Zehennägel.

10 In den Eierstöcken können Zähne wachsen – auch wenn es nur selten vorkommt.Die äußere Hautschicht ersetzt sich jeden Monat komplett.

11 Eine durchschnittliche Person hat etwa 10.000 Geschmacksknospen im Mund, die für das Erkennen von Geschmack verantwortlich sind.

12 Jeder Mensch hat einzigartige Fingerabdrücke, selbst eineiige Zwillinge unterscheiden sich diesbezüglich.

13 Das menschliche Herz schlägt im Durchschnitt etwa 100.000 Mal pro Tag und pumpt dabei rund 7.500 Liter Blut durch den Körper.

14 Der Magen produziert Salzsäure, um die Verdauung zu unterstützen. Diese Säure ist stark genug, um Zink zu verdauen, doch die Magenwand wird vor der Verdauung geschützt.

15 Tränen haben unterschiedliche Zusammensetzungen. Es gibt tränenreiche Tränen (bei Emotionen), ölige Tränen (zur Befeuchtung) und reflexartige Tränen (beim Reizen der Augen).

16 Das menschliche Gehör kann eine erstaunliche Bandbreite von Geräuschen wahrnehmen, von etwa 20 bis 20.000 Hertz.

17 Die Augen drehen sich, wenn Wasser ins Ohr gespritzt wird. Man nennt dieses Phänomen kalorischen Nystagmus.

18 Unsere Augen stellen sich täglich 100.000 Mal scharf. Sie sind kleine Wunderwerke der Natur, denn sie nehmen 70 Prozent aller für uns wichtigen Informationen auf.

19 In den Wimpern leben Milben. Diese Haarbalgmilben sind achtbeinige Verwandte von Spinnen und Zecken.

20 Wenn das Gesicht errötet, errötet – durch die erhöhte Durchblutung – auch die Magenschleimhaut.Die Haut an den Fingern zieht sich nach innen, wenn wir im Wasser sind, deshalb wird sie schrumpelig.

21 Fast 80 Prozent der Menschen benutzen nur ein Nasenloch beim Atmen. Etwa alle zweieinhalb Stunden wechseln sich die Nasenlöcher ab, wobei das Loch, das nicht benutzt wird, währenddessen vom Körper gereinigt wird.

22 Der Mensch produziert so viel Speichel, dass er im Laufe eines Lebens etwa zwei Schwimmbecken füllen könnte. Der Grund dafür ist, dass Speichel antibakterielle Substanzen enthält.

23 Das Haar wächst im Durchschnitt etwa 0,3 bis 0,5 Millimeter pro Tag, was etwa 15 bis 20 Zentimetern pro Jahr entspricht.

24 Die Magenschleimhaut erneuert sich alle paar Tage, um die Magenwand vor der ätzenden Wirkung der Magensäure zu schützen.

25 Es gibt eine breite Palette von Augenfarben, darunter Blau, Grün, Braun und verschiedene Mischungen. Die Farbe wird durch die Menge und Art von Pigmenten in der Iris bestimmt.

26 Die Nasenschleimhaut produziert täglich mehrere Liter Schleim, der Staub und Partikel aus der Atemluft filtert.

27 Es gibt mehr als 600 Muskeln im menschlichen Körper, die für Bewegung, Stabilität und Wärmeerzeugung verantwortlich sind.

28 Ein erwachsener Mensch hat normalerweise 206 Knochen. Bei Neugeborenen sind es jedoch etwa 270, da sie im Laufe der Zeit miteinander verschmelzen.

29 Der menschliche Speichel besteht zu etwa 99 % aus Wasser und enthält Enzyme, die bei der Verdauung helfen.

30 Allein beim Stirnrunzeln werden bereits mehr als 40 Muskeln aktiviert.

31 Bei jedem Lächeln sind 17 Gesichtsmuskeln aktiv.

32 In einem Jahr legen die Deutschen pro Kopf 425 Kilometer zurück – so viel wie von Dresden nach Frankfurt.

33 Wir atmen 900 Mal in der Stunde.

34 Mindestens 2,3 Millionen Farben sind die menschlichen Augen zu unterscheiden imstande, sofern keine Farbsehschwäche vorliegt.

35 Unser Ohr ist so kompliziert aufgebaut, dass kein Ingenieur es nachbauen könnte. Mit 0,1 Millimeter ist unser Trommelfell etwa doppelt so dick wie ein Haar, kann aber so viel Druck aushalten wie ein Fahrradschlauch.

36 Noch arbeitet das menschliche Gehirn besser als die meisten Computer: Zehn Billiarden Prozesse pro Sekunde laufen in unseren grauen Zellen ab.

37 Bei einem erwachsenen Menschen macht das Gehirn nur zwei Prozent des Körpergewichts aus, aber rund 25 Prozent unserer Energieressourcen verbraucht es, um leistungsfähig zu sein.

38 Das Herz leistet Schwerstarbeit: Im Laufe eines durchschnittlichen Menschenlebens schlägt es stolze drei Milliarden Mal.

39 Mehr als 100.000 Kilometer Länge misst unser komplettes Gefäßsystem mit Venen und Arterien, rechnet man alle kleinen Verästelungen mit ein.

40 Normalerweise hat ein Mensch zwölf Rippenpaare als Schutzwall um Herz und Lunge. Acht Prozent der Menschen sollen allerdings ein Rippenpaar mehr haben.

41 Es sind die feinen Unterschiede, die entscheidend sind: Kaum zu glauben, dass nur etwa ein Prozent der Gene zwischen einem Schimpansen und einem Menschen verschieden sind.

42 Mehr als 330 Kilogramm Lebensmittel verzehren wir im Laufe eines Jahres – darunter durchschnittlich 60 Kilogramm Fleisch und 104 Kilogramm Gemüse.

43 Unser zweitgrößtes Organ ist mit acht Metern Länge unser Darm. Würde man ihn entfalten und ausbreiten, wäre die Darmoberfläche größer als ein Tennisfeld.

44 100 Billionen Mikroorganismen leben auf und im menschlichen Körper. In jedem Gramm Stuhl leben mehr Bakterien als Menschen auf der Erde.

45 Unser Magen ist wie ein Ballon: Im leeren Zustand hat er gerade mal eine Länge von zwanzig Zentimetern. Er kann aber 1,2 bis 1,6 Liter fassen, weil er sich zu allen Seiten ausdehnen kann.

46 Unsere linke Gesichtshälfte drückt mehr Emotionen aus als die rechte.

47 Unsere rechte Gehirnhälfte ist hauptsächlich für die Verarbeitung von Gefühlen verantwortlich und die linke für unsere Sprache.

48 Es gibt ein sogenanntes Uhren-Gen, das Frühaufsteher und Langschläfer unterschiedlich „programmiert". Es ist also keine Frage von Fleiß und Faulheit, sondern genetisch vorbestimmt, ob wir am Tag oder in der Nacht aktiver sind.

49 Es gibt eine Erkrankung, die sich „tödliche familiäre Schlaflosigkeit" nennt. Es handelt sich hierbei um eine Erbkrankheit, bei der die Betroffenen nicht schlafen können und innerhalb weniger Monate oder Jahre versterben.

50 Wir können nicht lernen, während wir schlafen. Auch im Unterbewusstsein ist es uns nicht möglich, etwas zu lernen, obwohl das die allgemeine Überzeugung ist.

51 Jeder Mensch hat irgendwann einmal Halluzinationen.

52 Im Winter entstehen mehr Depressionen als zu anderen Jahreszeiten. Es wird davon ausgegangen, dass das fehlende Sonnenlicht dafür verantwortlich ist.

53 Im Sommer kommt es gehäuft zu manischen Zuständen.

54 Ein ausgewachsenes Gehirn wiegt im Durchschnitt zwischen 1.200 und 1.400 Gramm.

55 Unser Gehirn nimmt aber ab dem 30. Lebensjahr an Masse ab. Das könnte einer der Gründe dafür sein, dass auch unsere Gedächtnisleistung im Laufe der Jahre sinkt.

56 Personen neigen dazu, in Notfallsituationen weniger Hilfe zu leisten, wenn mehr Menschen anwesend sind, weil sie davon ausgehen, dass andere eingreifen werden (Bystander-Effekt).

57 Der Cognac-Effekt beschreibt die Tendenz, dass Menschen bei niedrigen Erwartungen besser abschneiden, da sie ihre Fähigkeiten unter geringem Druck besser abrufen können.

58 Menschen neigen dazu, sich so zu verhalten, dass ihre Erwartungen erfüllt werden, selbst wenn diese falsch oder unbegründet sind (selbsterfüllende Prophezeiung).

59 Die Tendenz, eine Person aufgrund einer herausragenden positiven Eigenschaft als insgesamt positiv zu bewerten, wird als Halo-Effekt bezeichnet.

60 Opfer von Geiselnahmen können eine emotionale Bindung zu ihren Entführern entwickeln, was als Stockholm-Syndrom bezeichnet wird.

61 Unbeabsichtigte Fehler wie Versprecher oder Vergessen können laut Sigmund Freud Einblicke in das Unbewusste einer Person geben (Freudsche Fehlleistung).

62 Menschen nehmen Informationen selektiv wahr, indem sie bevorzugt auf jene achten, die ihren vorhandenen Überzeugungen entsprechen.

63 Psychologisch gesehen sind die sieben Todsünden (Hochmut, Geiz, Neid, Zorn, Wollust, Völlerei, Trägheit) als negative Charakterzüge bekannt, die menschliches Verhalten beeinflussen können.

64 Menschen bilden sich oft innerhalb der ersten 30 Sekunden einer Begegnung einen ersten Eindruck von ihrem Gegenüber.

65 Das Marshmallow-Experiment zeigte, dass Kinder, die Impulskontrolle zeigten und auf eine Belohnung warteten, später im Leben oft erfolgreichere Ergebnisse erzielen.

VERBLÜFFENDE

FAKTEN DER MEDIZIN

1 Antidepressiva können Krebse in den Suizid treiben. Was uns glücklich macht, tut sensiblen Krebschen gar nicht gut.

2 Mit Botox lässt sich Migräne beseitigen.

3 Licht in der Nacht kann eine Gewichtszunahme verstärken. Gesunde Ernährung und viel Bewegung reichen nicht aus, wenn es nachts taghell ist.

4 Das Herzinfarktrisiko lässt sich in den Haaren nachweisen. Die Rückstände des Stresshormons Cortisol werden wie Drogen in den Haaren abgespeichert.

5 Der scharfe Inhaltsstoff von Chilischoten kann den Blutdruck senken.

6 Glücklichsein ist keine Frage der Veranlagung. Für dauerhafte Zufriedenheit sollen äußere Faktoren wie ein gesunder Lebensstil oder der richtige Partner wichtiger sein als die genetische Veranlagung eines Menschen.

7 Ein Notebook auf dem Schoß ist gesundheitsschädlich.

8 Menschen, die öfter mit dem Notebook auf dem Schoß arbeiten, laufen Gefahr, eine Hitzemelanose zu erleiden.

9 Studien zeigen, dass Musik positive Auswirkungen auf die Genesung von Patienten haben kann. Musiktherapie wird in der Medizin daher zunehmend eingesetzt.

10 Lachen kann tatsächlich gesundheitsfördernde Effekte haben. Es erhöht die Produktion von Endorphinen und kann den Blutdruck senken.

11 Nach dem Tod kann es zu einer sogenannten „Leichenstimme“ kommen. Durch Gasbildung können Leichen Geräusche von sich geben.

12 Neugeborene haben einen automatischen Schwimmreflex, der es ihnen ermöglicht, unter Wasser zu schwimmen. Dieser Reflex verschwindet jedoch im Laufe der Zeit.

13 Patienten können sich allein durch den Glauben an die Wirksamkeit einer Behandlung verbessern, auch wenn diese Behandlung keine aktiven Inhaltsstoffe enthält.

14 Forscher der Universität Osnabrück wollen Twitter nutzen, um den Verlauf von Grippewellen vorauszusagen.

15 Forscher der Universität Edinburgh fanden heraus, dass nicht nur Menschen allergisch gegen Katzen sein können, sondern dass dies auch umgekehrt möglich ist.

16 Gelotophobie ist die Angst, von anderen ausgelacht zu werden. In extremen Fällen kann dies zu sozialer Isolation führen.

17 Caligynephobie ist die Angst vor schönen Frauen.

18 Peladophobie die Angst vor glatzköpfigen Menschen.

19 Pteronophobie ist die Angst davor, mit Federn gekitzelt zu werden.

20 Wer unter Abibliophobie leidet, für den ist unter Umständen ein Medizinstudium interessant. Immerhin beschreibt diese Phobie die Angst vor einem Mangel an Büchern. Die dürften gerade Medizinstudierenden so schnell nicht ausgehen.

21 Laut Forschern der Indiana University in Bloomington, USA, leiden Männer mit „typisch männlicher" Einstellung eher an Depressionen.

22 Das Herz erzeugt einen elektrischen Strom, der stark genug ist, um einen kleinen MP3-Player zu betreiben.

23 Menschen mit sogenanntem eidetischem Gedächtnis können sich an eine ungewöhnlich hohe Anzahl von Details und Informationen erinnern.

24 Die Farbe von Medikamenten kann die Wirkung beeinflussen. Blaue Pillen werden oft als beruhigend wahrgenommen, während rote Pillen eher als stimulierend gelten.

25 Das Eintauchen in kaltes Wasser kann das Immunsystem stärken und die Stimmung verbessern. Einige Menschen schwören auf regelmäßige Kaltwasserbäder.

26 Wer sich einer fleischlosen Ernährung verschrieben hat, dem fehlt oft Eisen als Nährstoff. Forscher der American Chemical Society haben herausgefunden, dass Insekten die Lücke, die durch den Verzicht auf Fleisch entsteht, füllen könnten.

27 Ein Hörgerät, das plötzlich zu pfeifen anfängt, kann ein Anzeichen dafür sein, dass der Träger Fieber hat.

28 Es gibt Fälle von Menschen, die nach einem Schlaganfall oder einer Hirnverletzung nur noch die Fremdsprache verstehen, die sie vor dem Ereignis nicht gut beherrschten.

29 Lange Zeit glaubte man, dass Krankheiten eine übernatürliche Komponente haben. Im alten Mesopotamien gab es eine Liste mit 6.000 möglichen gesundheitsschädlichen Dämonen.

30 Viele Jahre lang wurden Operationen nicht von Ärzten, sondern von Barbier-Chirurgen durchgeführt. Barbieren eilte der Ruf nach, gut mit Klingen umgehen zu können.

31 Vor 200 Jahren gab es eine Epidemie von explodierenden Zähnen.

32 Mundgeruch (Halitosis) war früher häufiger anzufinden als heute.

33 Narkolepsie ist eine neurologische Störung, bei der Menschen plötzlich in Tiefschlaf fallen können, auch während Aktivitäten wie Essen oder Sprechen.

34 Coca Cola war ursprünglich eine Medizin gegen Kopfschmerzen, Müdigkeit und Depression.

35 Vor der Entdeckung von Blutgruppen und sicheren Bluttransfusionsverfahren versuchten einige Mediziner, Milch als Ersatz für Blut zu verwenden.

36 3D-gedruckte Titan-Schädelimplantate werden verwendet, um Menschen mit Schädeldachdefekten zu helfen, wodurch ihr Schädel neu geformt und rekonstruiert wird.

37 Das Spielen von Tetris kann nachweislich das Auftreten eines Posttraumatischen Stresssyndroms (PTSD) reduzieren, indem es die visuellen Erinnerungen an traumatische Ereignisse beeinträchtigt.

38 Im 17. Jahrhundert wurde Tabak als Heilmittel betrachtet und für verschiedene Beschwerden wie Kopf- und Zahnschmerzen empfohlen.

39 In den 1920er Jahren wurde Zahncreme mit Radium beworben, um die Zähne aufzuhellen. Die gesundheitlichen Risiken waren jedoch nicht bekannt.

40 Einige Getränke im frühen 20. Jahrhundert enthielten radioaktive Substanzen wie Radium und Uran, da diese als gesundheitsfördernd galten.

41 Im 17. Jahrhundert wurde Diamantstaub in Pillenform verkauft, da man glaubte, dass er gesundheitsfördernde Eigenschaften habe.

42 Im 19. Jahrhundert wurde Schokolade als Hustenmittel vermarktet und es gab sogar spezielle Hustenbonbons mit Schokoladenüberzug.

43 Im Mittelalter wurden Schweineblasen zu Pulver zerrieben und als Pille gegen diverse Krankheiten eingenommen.

44 In der Renaissance wurde Pulver aus zermahlenen ägyptischen Mumien als universelles Heilmittel gegen zahlreiche Beschwerden verkauft.

45 In den USA wurde Marihuana bis 1942 als rezeptpflichtiges Medikament zur Behandlung von Schmerzen, Übelkeit und anderen Beschwerden verwendet, bevor es als kontrollierte Substanz eingestuft wurde.

46 Thalidomid wurde in den 1950er Jahren zur Behandlung von Morgenübelkeit bei Schwangeren eingesetzt, führte jedoch zu schweren Geburtsfehlern und wurde später vom Markt genommen.

47 In den 1920er Jahren wurde Schweinegelatine als Schlafmittel vermarktet, bevor klar wurde, dass es nicht wirksam war und eher Magenprobleme verursachte.

48 Im 17. Jahrhundert wurden Teile von Seekühen zu Medikamenten verarbeitet, da man glaubte, sie hätten heilende Kräfte. Dies führte leider zum Rückgang der Seekuhpopulation.

DIE AUSSERGEWÖHNLICHE MODEWELT

1 Im 19. Jahrhundert trugen Frauen Korsetts so eng, dass sie dazu neigten, ihre inneren Organe zu verschieben und Atembeschwerden zu verursachen.

2 Die Position der Dirndlschleife gibt Auskunft über den Beziehungsstatus der Trägerin. Wenn sie die Schleife rechts trägt, bedeutet dies, dass sie in festen Händen ist. Trägt sie die Schleife hingegen links, ist sie Single.

3 Kinder, Witwen und Kellnerinnen tragen ihre Dirndlschleifen jeweils hinten. Frauen, die ihren Beziehungsstatus nicht preisgeben wollen, tragen sie in der Mitte.

4 Der moderne Schlips hat seinen Ursprung bei kroatischen Soldaten, die während des Dreißigjährigen Krieges im 17. Jahrhundert eine Halsbekleidung trugen.

5 High Heels sind nicht seit eh und je ein Symbol für Weiblichkeit, ganz im Gegenteil: Im 16. Jahrhundert wurden die Schuhe mit Absatz für persische Krieger entworfen, damit diese in den Steigbügeln einen besseren Halt hatten.

6 Die britische Modedesignerin Mary Quant wird oft als die Erfinderin des Minirocks betrachtet, inspiriert von der Autobahn und der Idee der Freiheit.

7 Das Wort „Jeans“ kommt vom französischen Wort für Genua, nämlich Gênes. Aus dieser Stadt wurden ursprünglich Baumwollhosen in die USA exportiert, wo aus „Gênes“ „Jeans“ wurde.

8 Queen Victoria von England (1819-1901) heiratete am 10. Februar 1840 in einem weißen Kleid und etablierte damit fast eigenhändig eine Tradition, die sich bis heute gehalten hat.

9 Im alten China trugen Krieger krawattenähnliche Bänder als Zeichen ihres Ranges, was die Idee der Krawatte als Statussymbol beeinflusst haben könnte.

10 Dass sich die Knopfleiste bei Männern auf der rechten Seite der Kleidung befindet, ist darauf zurückzuführen, dass Waffen üblicherweise links getragen wurden.

11 Im 16. Jahrhundert trugen Männer als Zeichen von Männlichkeit und Potenz auffällige „Codpieces“ (Geschlechtslappen) über ihrer Hose.

12 1971 entwarf die Grafikdesignstudentin Carolyn Davidson (79) das Nike-Logo, das den Namen „Swoosh“ trägt, für nur 35 US-Dollar. Als die Marke weltberühmt wurde, bekam sie 1983 jedoch ein Aktienpaket von 500 Stück dazu.

13 Die Idee für BH-Körbchen kam einer Legende nach einer Frau in einem New Yorker Hotelzimmer, die zwei Taschentücher in ihre Büstenhalter einsetzte.

14 Queen Elizabeth II. trug immer Schuhe einer bestimmten Schuhmarke, sodass sie leichter von Menschenmengen erkannt werden konnte.

15 Obwohl heutzutage immer noch weit verbreitet, gehören Röcke zu den ältesten Kleidungsstücken überhaupt in der Geschichte – und sie waren nicht nur für Frauen gedacht. Tatsächlich trugen sie zwischen 1600 und 1700 sowohl Männer als auch Frauen.

16 Die ersten Sneakers entwickelte die US Rubber Company im Jahre 1892.

17 Pro Jahr gibt es weltweit mehr als 100 Fashion Weeks. Die wichtigsten Modewochen sind die sogenannten „Big Four". Damit sind New York, Paris, London und Mailand gemeint.

18 Ein Markt mit weltweit 1,7 Billionen US-Dollar Umsatz: Die zehn größten Handelsketten für Mode machen zusammen rund 220 Milliarden US-Dollar Umsatz jährlich!

19 Der monatliche Mindestlohn für gelernte Näherinnen in Bangladesch beträgt umgerechnet 64 Euro, für ungelernte Helferinnen 50 Euro. Oftmals liegt der Lohn auch darunter.

20 Die Debatte um zu dünne Models zeigt eine gewisse Wirkung. So will die Berliner Fashion Week zumindest einen Body-Mass-Index von 18,5 einhalten.

21 33 Prozent der Textilarbeiterinnen in Kambodscha gelten als medizinisch unterernährt. 25 Prozent haben sogar einen Body-Mass-Index von unter 17,5.

22 99 Prozent der in Deutschland gekauften Kleidung ist importiert, zum größten Teil aus China, der Türkei und Bangladesch.

23 Bis die Hose fertig ist, legt sie bei den einzelnen Produktionsschritten in Asien und Europa rund 50.000 Kilometer zurück. Das ist weiter als einmal um die Welt.

24 Das schnelle Geschäft mit der Mode wird von großen Ketten wie Zara, H&M, C&A oder Uniqlo dominiert. Die Zahl der Zara-Filialen vervierfachte sich zwischen 2002 und 2014 auf rund 2.100 weltweit.

25 Die Textilkette Primark verschleudert T-Shirts mitunter für nur 99 Cent und eine Jeans ist auch schon mal für 8,50 Euro zu haben.

26 Baumwolle ist die am häufigsten eingesetzte Naturfaser für Kleidungsstücke. Durch Düngemittel und Pestizide beim Anbau und in der Verarbeitung beim Bleichen, Färben und Bedrucken entstehen große Mengen an verschmutzten Abwässern.

27 Bei der Herstellung eines T-Shirts werden etwa 2.000 Liter Wasser verbraucht.

28 H&M hat 24 Kollektionen pro Jahr. Oft kommt zweimal die Woche neue Ware in die Läden.

29 Der Umsatz des Online-Modehandels wuchs von 2006 bis 2014 von 2,81 Milliarden auf 11,35 Milliarden Euro. Das entspricht 18,9 des Gesamtmarktes Mode.

30 Um die Baumwollpflanzen widerstandsfähiger zu machen, wird seit den 1990er Jahren Gentechnik eingesetzt. Mittlerweile stammen rund 75 % der weltweit angebauten Baumwolle von genmanipulierten Pflanzen.

31 Biobaumwolle ist frei von Gentechnik. Mit rund 120.000 Tonnen liegt der Anteil an biologisch angebauten Fasern bei 0,4 Prozent. Der weltweit größte Abnehmer ist C&A.

32 Die Hippie-Ära und der Begriff „Flower Power" entstanden während einer Anti-Kriegs-Protestaktion in den 1960er Jahren, bei der Blumen an Polizisten verteilt wurden.

33 Das teuerste je hergestellte Paar Schuhe besteht aus Diamanten und Platin und hat einen Wert von über 17 Millionen US-Dollar.

34 Die heute übliche blaue Farbe von Jeans entstand durch den Einsatz von Indigo-Farbstoff, der ursprünglich aus Pflanzen gewonnen wurde.

35 Der Monokini, ein einteiliger Badeanzug, der den Oberkörper freilegt, wurde in den 1960er Jahren von der Designerin Rudi Gernreich eingeführt.

36 Lady Gaga ist bekannt für ihre extravagante Mode, darunter ein Kleid aus Fleisch, das sie bei den MTV Video Music Awards 2010 trug.

37 Die Baskenmütze stammt ursprünglich aus der französischen Region Baskenland und wurde im 19. Jahrhundert zum Modeaccessoire.

38 High-Fashion-Marken wie Chanel und Dior haben in den letzten Jahren Sneakers in ihre Kollektionen aufgenommen, was den Trend von Sportbekleidung im Luxussegment vorantreibt.

39 Latzhosen, einst als Arbeitskleidung angesehen, erlebten in den 1990er Jahren eine Renaissance als modisches Statement.

40 Haute Couture, die handgefertigte und maßgeschneiderte Mode repräsentiert, wurde im 19. Jahrhundert in Paris entwickelt.

41 Einige der teuersten Parfüms enthalten Inhaltsstoffe wie Ambra, Moschus oder Zibet, die aus den Analdrüsen von Walen oder Zibetkatzen gewonnen werden.

42 Obwohl sie für ihren Komfort bekannt sind, wurden Ugg-Stiefel ursprünglich in Australien für Surfer entwickelt und hatten nichts mit Mode zu tun.

43 Der Begriff „Napoleon-Komplex“ bezieht sich auf kleinere Männer, die sich modisch auffällig kleiden, um ihre geringere Körpergröße zu kompensieren.

44 Der Film „Clueless“ aus den 1990er Jahren prägte Modetrends, darunter karierte Röcke, Kniestrümpfe und Schulterpolster.

45 Schlaghosen, bereits in den 1970er Jahren populär, erlebten in den 2000er Jahren eine Rückkehr und wurden erneut zum Modetrend.

46 Neonfarben stellten in den 1980er Jahren einen großen Modetrend dar und erfuhren in den 2010er Jahren erneute Beliebtheit.

47 Obwohl oft als modischer Fauxpas betrachtet, haben Socken in Sandalen in der Mode- und Streetwear-Kultur zeitweise für Aufsehen gesorgt.

DIE UNGLAUBLICHE MUSIKWELT

1 Romantische Musik regt zum Flirten an.

2 Kühe steigern nachweislich ihre Milchproduktion, wenn sie beruhigende Musik hören. Einige Bauern spielen ihren Kühen sogar klassische Musik vor, um die Milchproduktion zu erhöhen.

3 Musik beeinflusst das Einkaufsverhalten.

4 Im Song „A Day in the Life“ der Beatles ist eine Frequenz enthalten, die nur von Hunden gehört werden kann. Paul McCartney fügte sie hinzu, damit das Lied auch seinem Shetland-Schäferhund gefällt.

5 Wer ein Instrument spielt, erhöht seinen IQ um bis zu fünf Punkte.

6 Laute Musik regt zum Trinken an. Dies könnte laut der Studie daran liegen, dass laute Musik den allgemeinen Erregungszustand erhöht, wodurch mehr getrunken wird.

7 Ein namenloses Lied von The Pocket Gods und Mark Christopher Lee ist gemäß Guinness-Buch der Rekorde der längste Song.

8 Musik macht genauso abhängig wie Sex oder Drogen.

9 Musik erhöht die Ausdauer beim Joggen und gibt zusätzliche Motivation.

10 Mozart komponierte das Stück „Leck mich im Arsch“ – ein humorvolles Lied mit einer ungewöhnlichen Titelübersetzung.

11 Musik kann Herzinfarktpatienten dabei helfen, schneller zu heilen.

12 Musik animiert Babys zum Bewegen.

13 Der Herzschlag passt sich immer dem Rhythmus der Musik an.

14 Michael Jacksons „Scream“ aus dem Jahr 1995 ist bis heute der teuerste Musikclip aller Zeiten. Die Kosten betrugen rund sieben Millionen US-Dollar.

15 Blumen wachsen schneller, wenn sie Musik hören.

16 Der amerikanische Komponist John Cage komponierte 1952 den Titel „4⊠33⊠, der aus vier Minuten und dreiunddreißig Sekunden Stille besteht.

17 Louis Armstrong hält den Rekord des ältesten Chart-Stürmers, nachdem er 1968 mit dem Lied „What A Wonderful World" die Nummer 1 im Vereinigten Königreich erreicht hatte. Er war damals 67 Jahre alt.

18 Die Art, wie wir Musik hören, verändert unsere Sicht auf die Welt.

19 Mit nur vier Zeilen ist die japanische Nationalhymne die kürzeste; die längste ist die griechische mit 158 Versen.

20 Ein Flügel kann schneller gespielt werden als ein aufrechtes Klavier.

21 Leo Fender, Erfinder des Stratocaster und Telecaster, konnte nicht Gitarre spielen.

22 Ein Klavier deckt das gesamte Spektrum aller Orchesterinstrumente ab, von unterhalb der tiefsten Note des Kontrafagotts bis über die obere Note der Piccoloflöte.

23 Die Harmonika ist das meistverkaufte Musikinstrument der Welt.

24 Termiten fressen Holz doppelt so schnell, wenn sie Heavy Metal hören.

25 Während Dudelsäcke heute mit Schottland in Verbindung gebracht werden, stammen sie aus uralten Zeiten und könnten von den Römern auf die britischen Inseln gebracht worden sein.

26 Musik kann helfen, chronische Schmerzen um mehr als 20 % zu reduzieren und Depressionen um bis zu 25 % zu lindern.

27 Die gesamte Saitenspannung in einem Konzertflügel beträgt annähernd 30 Tonnen!

28 Die kleinste Gitarre der Welt ist 10 Mikrometer lang mit Saiten von 50 Nanometern (100 Atomen) Breite.

29 Yamaha, gegründet 1887, war der erste Klavierhersteller in Japan.

30 John Lennon schrieb „Good morning, good morning" nachdem er einen Cornflakes-Werbespot gesehen hatte.

31 Marilyn Monroe bekam von Frank Sinatra einen weißen Pudel namens Mafia.

32 Die erste CD, die in Amerika hergestellt wurde, war Bruce Springsteens „Born in the USA".

33 Duran Duran wurde nach der verrückten Wissenschaftlerin Jane Fonda im Film „Barbarella" benannt.

34 Bevor Beethoven komponierte, tauchte er seinen Kopf in kaltes Wasser.

35 Mozart war fünf Jahre alt, als er sein erstes Werk komponierte.

36 Das erste Pop-Video wurde 1975 veröffentlicht: „Bohemian Rhapsody" von Queen.

37 Im Jahr 1976 sang Barry Manilow einen Charterfolg namens „I write the songs". Der Song war nicht von ihm geschrieben worden.

38 Als Madonna 15 war, bekam sie einen ganzen Sommer Hausarrest, weil sie sich auf ein David-Bowie-Konzert geschlichen hatte.

39 NoClue ist der schnellste Rapper der Welt: 723 Silben in 51,27 Sekunden schafft er. Das sind 14,1 Silben pro Sekunde.

40 Im Jahr 1988 erhielt der Tenor Luciano Pavarotti an der Deutschen Oper Berlin 115 Vorhänge und 67 Minuten lang ununterbrochenen Applaus.

41 Machen wir Musik statt Krieg: Monacos Orchester ist größer als seine Armee.

42 Warner Music erhielt 2008 über zwei Millionen US-Dollar für Happy-Birthday-Songs.

43 Kein Mitglied der Beatles konnte Noten lesen.

44 Alle Mitglieder von Nirvana wurden von ihrer eigenen Album-Release-Party geschmissen, weil sie mit Essen um sich geworfen hatten.

45 Elvis hat keinen seiner Songs selbst geschrieben.

46 Ärzte verschreiben Parkinson-Patienten das Hören von Musik, um Schlaganfälle zu vermeiden.

47 Michael Jackson war erst fünf Jahre alt, als er zum ersten Mal mit seinen Geschwistern bei den „Jackson 5" auftrat. Dafür bekam er nur acht US-Dollar.

48 Jay-Z, Busta Rhymes und Notorious BIG haben dieselbe High School in Brooklyn, USA, besucht.

49 Steve Angello und Sebastian Ingrosso waren sechs Jahre alt, als sie sich zum ersten Mal trafen.

50 Niemand weiß, wo Mozart begraben ist.

51 Bryan Adams fotografierte Queen Elizabeth II. für die kanadische Briefmarke.

52 „Get Lucky" von Daft Punk hat es bei iTunes in 14 Ländern auf Platz 1 geschafft.

53 Paul McCartneys Gage für seinen Auftritt bei der Eröffnungszeremonie der Londoner Olympischen Spiele betrug ein Pfund.

54 Der kürzeste Song der Rockgeschichte ist „You Suffer" von Napalm Death. Er dauert 1,316 Sekunden.

55 Eminem schrieb „The Real Slim Shady" (und nahm den Track auf und mixte ihn) drei Stunden vor dem Abgabetermin der Produktion.

56 60 bis 80 Prozent sämtlicher Rap-Musik in den USA wird von Weißen konsumiert.

57 „Yesterday" von den Beatles hieß anfänglich „Scrambled Eggs".

58 Im Jahr 1989 beschallte das US-Militär das Gelände von General Noriega in Panama zwei Tage lang ununterbrochen mit der Musik von AC/DC.

59 Die Royal Navy hingegen benutzt Britney-Spears-Songs, um somalische Piraten abzuschrecken.

60 Malcolm Young von AC/DC arbeitete früher in einer BH-Fabrik.

61 In Finnland gibt es mehr Heavy-Metal-Bands pro Kopf als in jedem anderen Land.

62 Die Hip-Hop-Crew D12 sollte ursprünglich aus den zwölf besten Detroiter Rappern bestehen. Doch leider fand man nur deren sechs.

GEHEIMNISSE

DER NATUR

1 Von den rund 250.000 bisher bekannten Pflanzenarten auf der Erde sind etwa 30.000 essbar. 7.000 Pflanzenarten werden gegenwärtig weltweit vom Menschen genutzt.

2 Pflanzen können über ihre Wurzeln miteinander kommunizieren, indem sie chemische Signale austauschen, um beispielsweise vor Schädlingen zu warnen.

3 Die Erdbeere ist die einzige Frucht, die ihre Samen außen trägt.

4 Der Kürbis ist die größte Beere der Welt: Gemäß der Botanik ist eine Beere eine Frucht, deren Kerne frei im Fruchtfleisch liegen.

5 Auch Pflanzen können an Jetlag leiden. So wie wir Menschen besitzen auch sie eine innere Uhr, die ihren Biorhythmus steuert und vom Sonnenlicht beeinflusst wird.

6 Sonnenbrand gibt es auch bei Pflanzen. So essenziell die Sonne für die Photosynthese auch ist, so schädlich kann zu viel davon für manche Pflanzen sein.

7 Bambus kann bis zu einen Meter pro Tag wachsen, womit er die am schnellsten wachsende Pflanze der Welt ist.

8 Einige Exemplare der Art „Posidonia oceanica“, einer Seegrasart im Mittelmeer, sind mehrere tausend Jahre alt und gelten als die ältesten lebenden Organismen.

9 Die Welwitschie kann über tausend Jahre alt werden. Zeitlebens verfügt sie nur über ein einziges Blattpaar, das immer weiterwächst.

10 Tulpen waren einst mehr wert als Gold.

11 In einigen Wüstengebieten gibt es „singende Dünen“, die Geräusche von sich geben, wenn der Wind über sie hinwegstreicht, und auf diese Weise klingende Töne erzeugen.

12 Verschiedene Pflanzen, etwa die Efeutute und der Gummibaum, können dazu beitragen, die Luft von Schadstoffen zu reinigen und somit das Raumklima zu verbessern.

13 Pro Sekunde gibt es etwa 44 Blitze auf der Welt.

14 Je nach den Partikeln, die sich im Wasser befinden, erscheint das Meer in verschiedenen Farbtönen: Wasser mit eher wenigen Teilchen wirkt an flachen Stellen klar und an tiefen Stellen durch die Absorption und Streuung des Sonnenlichts blau.

15 Der größte einzelne Organismus, der bisher bekannt ist, ist ein Armillaria-Honigpilz, der sich über 809 Hektar erstreckt und wahrscheinlich schon tausende Jahre alt ist.

16 Das Blut von Säugetieren ist rot, das von Insekten meist gelb und Hummer oder Pfeilschwanzkrebse haben sogar blaues Blut.

17 Eine große Gewitterwolke, auch Cumulonimbus genannt, kann 20 bis 100 Millionen Tonnen Wasser enthalten.

18 Die „Desmodium gyrans", auch bekannt als Telegraphenpflanze, kann unter Stressbedingungen ihre Blätter abwerfen - ein Phänomen, das als „Nastie" bekannt ist.

19 Obwohl oft das Gegenteil behauptet wird, erfrieren Mücken im Winter nicht.

20 Bananen wachsen aus einer Staude heraus, die nach unten zeigt. Hierfür benötigen sie aber Sonnenlicht - wie alle anderen Früchte auch. Aus diesem Grund biegen sich Bananen nach oben, dem lebensnotwendigen Licht entgegen.

21 Der absolute Großteil des Regens - nämlich 90 Prozent - trifft unsere Meere. Wir bekommen auf dem Land also nur einen sehr geringen Teil ab.

22 Ein Sonnenstrahl benötigt 8 Minuten und 19 Sekunden, um von der Sonne auf die Erde zu treffen.

23 Die Mimose reagiert empfindlich auf Berührungen, indem sie ihre Blätter zusammenklappt. Dies dient als Schutzmechanismus gegen Fressfeinde.

24 Die Pflanze Lithops wird auch als lebender Stein bezeichnet, da sie durch ihre optische Ähnlichkeit mit Steinen perfekt getarnt ist.

25 Die Rafflesia arnoldii, eine in Südostasien beheimatete Pflanze, kann bis zu einen Meter im Durchmesser erreichen und gilt als die größte Blume der Welt.

26 Die Orchidee Ophrys insectifera imitiert das Aussehen und den Geruch von Insekten, um bestäubende Insekten anzulocken.

27 Ananas brauchen zwei Jahre, um zu wachsen.

28 Akazienbäume in Afrika kommunizieren miteinander. Sie stoßen Gase aus, um andere Bäume zu warnen, damit diese rechtzeitig das Gift Tannin produzieren können, welches sie vor hungrigen Tieren schützt.

29 Die Niagarafälle gefrieren nie.

30 Die „Tacca chantrieri" oder Fledermausblume sieht mit ihren auffälligen Blütenblättern aus wie eine Fledermaus im Flug.

31 Sonnenblumen verfolgen die Sonne während des Tages, indem sie ihre Blütenköpfe in Richtung des Lichts bewegen.

32 Die Titanwurz (Amorphophallus titanum) ist für ihren betäubenden Geruch bekannt, der an Aas erinnert. Diese Pflanze blüht nur alle paar Jahre und zieht damit viele neugierige Besucher an.

33 Neptungras-Wiesen können Jahrtausende alt werden und gelten als welche der ältesten und ausgedehntesten lebenden Organismen der Erde.

34 Erdnüsse wachsen unterirdisch und bestäuben sich selbst, bevor sie sich entwickeln.

35 Die Samen der Springbohnen sind so konstruiert, dass sie bei Reife mit einer lauten Explosion aus der Hülse geschleudert werden, um sich zu verbreiten.

36 Die Venusfliegenfalle ist eine fleischfressende Pflanze, die ihre Blätter schließt, um Insekten zu fangen und zu verdauen.

37 Die Lotusblume hat in vielen asiatischen Kulturen eine besondere kulturelle Bedeutung und wird oft mit Reinheit und spiritueller Erleuchtung in Verbindung gebracht.

38 Unterirdische Pilzfäden bilden ein Netzwerk namens Mykorrhiza, das Pflanzen miteinander verbindet und den Austausch von Nährstoffen und Informationen ermöglicht.

39 Einige Meeresorganismen, zum Beispiel der Glühwürmchenfisch oder Leuchtquallen, erzeugen Licht durch chemische Reaktionen, um sich zu tarnen oder Beute anzulocken.

40 Die Venusfliegenfalle schließt ihre Blätter nicht nur bei Berührung, sondern auch bei Kontakt mit Insekten, um sie zu verdauen und Nährstoffe aufzunehmen.

41 Die Wasserpflanze Utricularia gibba hat Klappen, die in weniger als einer Millisekunde zuschlagen, um kleine Wasserorganismen zu fangen.

42 Eschensamen haben eine Flügelform, die es ihnen ermöglicht, durch die Luft zu segeln und so größere Entfernungen für die Verbreitung zu überwinden.

43 Die Ginkgo biloba ist eine lebende Fossilienpflanze, die seit mehr als 270 Millionen Jahren auf der Erde existiert.

44 Die Samen der Himalaya-Orchidee können bei Berührung explodieren, um ihre Samen in alle Richtungen zu verteilen.

45 Wissenschaftler haben nämlich herausgefunden, dass sie unsere Produktivität um ganze 15 Prozent erhöhen können!

46 Die gefährlichste Pflanze der Welt ist die Gympie-Gympie. Wenn man an die Blätter kommt, fühlt es sich so an, als würde man mit heißer Säure übergossen werden und gleichzeitig Elektroschocks bekommen.

47 Die Fette Henne kann mit ihren dicken Blättern auch gut ohne Wasser auskommen. Das ist kein sehr dickes Huhn, sondern eine Pflanze.

48 Wenn Bäume in der Nähe von Straßenlaternen stehen, verlieren sie nicht so viele Blätter.

49 Aus Gänseblümchen kann man eine Salbe zur Minderung von Sommersprossen herstellen.

50 Der Küstenmammutbaum steht in Kalifornien und ist 115,92 Meter hoch. Er gilt als der höchste noch lebende Baum der Welt.

51 Das größte Blatt der Welt kommt aus Taiwan und hat einen Durchmesser von drei Metern. Dieses Riesenblatt hält ca. 80 Kilogramm aus. Man kann sich entspannt daruntersetzen, ohne nass zu werden.

52 Tomaten werden als „faule Früchte“ betrachtet, weil sie Gase produzieren, die benachbarte Früchte schneller reifen lassen.

53 Der Pilz „Armillaria mellea“, auch als Honigpilz bekannt, hat die Fähigkeit, elektrische Impulse zu erzeugen, die wie ein summendes Geräusch klingen.

54 Die „Allium tricoccum“ oder Bärlauchzwiebel hat einen Geruch, der an Knoblauch erinnert, sie kann im Geschmack aber überraschend süß sein.

POLITIK

WELTWEIT

1 Die Verfassung der Vereinigten Staaten ist die älteste geschriebene Verfassung einer noch bestehenden Nation: Sie wurde 1787 verabschiedet.

2 Die Verfassung der Republik Indien ist die längste der Welt, während jene der Republik der Malediven nur sieben Seiten umfasst.

3 Die Vatikanstadt ist der kleinste unabhängige Staat der Welt, sowohl in Bezug auf die Bevölkerung als auch auf die Fläche. Sie ist zudem der einzige Staat, der vollständig von einem anderen Land, nämlich Italien, umschlossen ist.

4 Die britische Königin hat in der Öffentlichkeit keine politische Meinung zu äußern. Diese Tradition wird als politische Neutralität bezeichnet.

5 Sir Winston Churchill hält den Rekord für die längste Amtszeit als Premierminister des Vereinigten Königreichs. Er war während des Zweiten Weltkriegs von 1940 bis 1945 und dann erneut von 1951 bis 1955 im Amt.

6 Die kleinste politische Partei, die jemals an einer Koalitionsregierung teilgenommen hat, war die Ein-Mann-Partei des neuseeländischen Politikers Vernon Cracknell.

7 Das Althing in Island gilt als das älteste bestehende Parlament der Welt. Es wurde im Jahr 930 gegründet.

8 Die Schweiz hat eines der ungewöhnlichsten politischen Systeme mit einem Mehrparteiensystem, in dem eine Koalitionsregierung aus verschiedenen Parteien die Regierung bildet.

9 Die Freiheitsstatue wurde von Frankreich als Zeichen der Freundschaft und Unterstützung für die amerikanischen Bemühungen um Unabhängigkeit an die Vereinigten Staaten geschenkt.

10 König Bhumibol Adulyadej von Thailand war der längste amtierende Monarch der Welt. Er regierte von 1946 bis zu seinem Tod im Jahr 2016.

11 Der Anglo-Zanzibar-Krieg von 1896 gilt als der kürzeste Krieg in der Geschichte: Er dauerte nur 38 Minuten.

12 Die kürzeste Rede in der Geschichte des Vereinten Königreichs wurde angeblich von Winston Churchill gehalten. Er sagte „Nein", als er die Ehrendoktorwürde der Universität von Oxford ablehnte.

13 In den USA gibt es die Regel, dass kein lebender Mensch auf einer Briefmarke ohne Postwert abgebildet werden darf. Sie wurde eingeführt, nachdem es zuvor zu Missbrauch gekommen war.

14 Königin Mathilde von Belgien ist die jüngste amtierende Monarchin. Sie wurde im Jahr 2013 Königin der Belgier.

15 Die älteste bekannte politische Karikatur stammt aus dem alten Ägypten und zeigt einen Pharaonenschreiber, der mit einem Esel verglichen wird.

16 Nauru ist das kleinste Land der Welt mit einer ständigen Bevölkerung; ein Inselstaat im Pazifik.

17 Das Versprechen, „den Mars zu besiedeln“, ist ein beliebtes, wenn auch ambitioniertes, Wahlversprechen von Politikern.

18 Politiker neigen dazu, ihre Hände beim Händeschütteln in einer Weise zu positionieren, um Dominanz zu zeigen. Dies wurde als „Handshake of Power“ bezeichnet.

19 In Schweden gilt es als Straftat, eine Pizza ohne die erforderliche Lizenz zu verkaufen. Diese Regelung wurde eingeführt, um den Pizzamarkt zu regulieren.

20 Theodore Roosevelt war der jüngste Präsident der USA. Er trat sein Amt im Jahr 1901 mit 42 Jahren an, nachdem Präsident William McKinley ermordet worden war.

21 Joe Biden ist der älteste Präsident in der Geschichte der Vereinigten Staaten. Er wurde 2021 im Alter von 78 Jahren vereidigt.

22 In den USA gab es Fälle, in denen Wähler aufgrund von Verwirrung oder ungewöhnlichen Stimmzettelformaten sowohl für als auch gegen denselben Kandidaten gestimmt haben. Dies nennt sich „Overvote“.

23 In der Schweiz gibt es keinen einzigen Monarchen. Das Land wird von einem Kollektiv aus sieben Bundesräten regiert.

24 Politiker müssen oft auf ihre Mimik achten, da ein einziger Gesichtsausdruck „viral gehen“ und viele Memes inspirieren kann.

25 Costa Rica ist eines der wenigen Länder der Welt ohne stehende Armee. Die Verteidigung des Landes wird durch die Polizei und internationale Abkommen sichergestellt.

26 Neuseeland war 1893 das erste Land, das Frauen das Wahlrecht gewährte. In Deutschland erfolgte dies erst im Jahre 1919.

27 In Nauru, einem Inselstaat im Pazifik, besteht das Parlament aus nur einem Mitglied, da die Gesamtbevölkerung weniger als 10.000 Menschen zählt.

28 Die Schweiz hat kein offizielles Staatsoberhaupt. Die Funktion des Bundespräsidenten wechselt jedes Jahr zwischen den Bundesräten.

29 Südafrika hat mit insgesamt elf Amtssprachen die meisten in einem Land.

30 Malaysia hat eine einzigartige Monarchie, bei der neun Sultanate abwechselnd den König wählen, der für fünf Jahre im Amt ist.

31 In Österreich dürfen Jugendliche bereits ab 16 Jahren an Nationalratswahlen teilnehmen.

32 Nelson Mandela wurde 1994 nach dem Ende der Apartheid der erste schwarze Präsident von Südafrika.

33 In Bhutan wurde im Jahr 2011 der Tag der königlichen Hochzeit zum nationalen Feiertag erklärt und das ganze Land feierte die Heirat des Königs.

34 Der rumänische Parlamentspalast in Bukarest ist das größte zivile Verwaltungsgebäude und das schwerste Gebäude der Welt.

35 Im Jahr 1971 schlugen die USA und China einen historischen Pingpong-Austausch vor, der zur Normalisierung ihrer diplomatischen Beziehungen führte.

36 Politische Memes sind zu einem bedeutenden Teil der Online-Kultur geworden, wobei politische Figuren oft in humorvoller Weise dargestellt werden.

37 In Deutschland werden Koalitionsregierungen aufgrund der Notwendigkeit, verschiedene Parteien zusammenzubringen, manchmal als „Koalitionszoo" bezeichnet.Einige Politiker haben ungewöhnliche Namen, z. B. der ehemalige Premierminister von Neuseeland, Bill English.

38 In einigen Ländern sind politische Karaoke-Auftritte von Politikern während Wahlkampagnen keine Seltenheit.

39 Politiker sind heutzutage oft bereit, Selfies mit Bürgern zu schießen, was zu vielen humorvollen Schnappschüssen führt.

40 Einige Politiker haben eine Karriere im Bereich der Stand-up-Comedy versucht, darunter der ehemalige Premierminister von Kanada, Kim Campbell.

41 Manche Politiker haben Hunde als Berater oder Wahlkampfhelfer, was zu humorvollen Anekdoten führt.

DIE SKURRILE PROMIWELT

1 Oprahs richtiger Name ist Orpah.

2 Albert Einstein konnte erst spät sprechen und wurde in der Schule als rebellisch betrachtet, was zeigt, dass Genialität oft anders aussieht als erwartet.

3 Der Geschäftsführer von Pixar wurde von Disney gefeuert, als er versuchte, Computer für Animationen zu fördern.

4 Jennifer Lawrence wurde in die Schauspieler-Vereinigung SAG aufgenommen, nachdem sie ein Werbevideo für My Super Sweet 16 auf MTV gemacht hatte.

5 Winston Churchill soll im Bett gearbeitet haben, um die Produktivität zu steigern. Manchmal hielt er sogar Sitzungen in seiner Badewanne ab.

6 Die Mutter von Justin Timberlake wurde gesetzlicher Vormund von Ryan Gosling, als der „Mickey Mouse Club" gedreht wurde, weil Ryans Mutter wegen der Arbeit in Kanada bleiben musste.

7 Und Ryan Gosling wurde die Rolle in „Wie ein einziger Tag“ nur deshalb angeboten, weil der Regisseur ihn nicht für gutaussehend oder cool hielt.

8 Charles Darwin, der Begründer der Evolutionstheorie, war ein begeisterter Sammler von Käfern. Er schrieb einmal, dass das Studium von Insekten seine Liebe zur Naturwissenschaft gefördert habe.

9 Bill Gates war ein College-Abbrecher.

10 Michael Jordan wurde in seinem zweiten Jahr an der High School aus dem Basketballteam geworfen, weil er angeblich nicht genug Talent hatte. Später wurde er als einer der besten Basketballspieler aller Zeiten anerkannt.

11 Tim Allen wurde 1978 auf einem Flughafen in Michigan wegen Kokainbesitzes verhaftet und saß mehr als zwei Jahre dafür im Gefängnis.

12 Tiger Woods ist nicht nur ein Golfprofi, sondern auch ein erfahrener Taucher. Marilyn Monroe hatte einen IQ von 168, was sie zu einer hochintelligenten Frau machte, obwohl ihr Image oft auf ihr Aussehen reduziert wurde.

13 Robin Williams war ein derart großer Fan der Videospielserie „The Legend of Zelda“, dass er seine Tochter Zelda nannte.

14 Christopher Walken war mal Löwenbändiger.

15 Rebel Wilson hatte in ihrer Jugend Malaria und halluzinierte, sie würde einen Oscar gewinnen. Dieser Traum inspirierte sie zu ihrer Schauspielkarriere.

16 Steve Jobs war Frutarier, was bedeutet, dass er sich hauptsächlich von Obst ernährte. Er behauptete, dass dies seine Kreativität steigern würde.

17 Nikola Tesla hatte eine ausgeprägte Phobie gegenüber Perlen. Er weigerte sich, Frauen zu begegnen, die Perlen trugen, und zuckte sogar zusammen, wenn er sie nur sah.

18 Diego Maradona, eine argentinische Fußballlegende, hatte ein Haustier namens Ciro, ein weißes Lamm. Er schenkte es seinem Trainer als Glücksbringer.

19 Jason Statham war Turmspringer, bevor er Schauspieler wurde.

20 Als Ariana Grande fünf war, wurde sie bei zwei verschiedenen Eishockeyspielen von einem Puck getroffen.

21 Leighton Meester wurde im Gefängnis geboren.

22 Scarlett Johansson ist ein Zwilling.

23 Genau wie Vin Diesel – dessen richtiger Name übrigens Mark Sinclair ist.

24 Tom Brady hat noch nie eine Erdbeere gegessen.

25 Katy Perry hat ein eher eigenartiges Hobby: Sie sammelt Haare von anderen Promis.

26 Miley Cyrus ist ein schöner Name, oder? Definitiv – aber es ist nicht ihr richtiger Name. Geboren wurde die Sängerin als Destiny Hope Cyrus.

27 Barack Obama, Martin Luther King und Hillary Clinton haben alle mehr Grammys gewonnen als Katy Perry. Diese war zwar bereits 13 Mal nominiert, hat aber nie einen der begehrten Preise erhalten.

28 Ryan Gosling war in seiner Jugend ein talentierter Breakdancer und trat sogar bei Talentwettbewerben auf.

29 Samuel L. Jackson hat in über 100 Filmen mitgespielt und es wird gemunkelt, dass er bei Vertragsverhandlungen oft darauf besteht, Golf spielen zu dürfen.

30 Weil Jennifer Lawrence einfach nie genug Wasser zu sich nimmt, hat sich die Schauspielerin zu einem ungewöhnlichen Schritt entschieden: Sie ließ sich „H2O“ auf ihre rechte Hand tätowieren. Na, wenn's hilft!

31 Der Vater von Woody Harrelson, Charles Harrelson, war ein Profikiller, der wegen zahlreicher Morde angeklagt wurde.

32 Dolly Parton stellt sicher, dass sie immer in High Heels erscheint, um größer zu wirken. Sie ist nur etwa 1,52 Meter groß.

33 Matthew McConaughey hat einen College-Abschluss in Jura und wurde von der Zeitschrift People einmal als „Sexiest Man Alive“ gekrönt.

34 Oprah Winfrey hat Angst vor Kaugummi und verbietet es in ihrem Studio, um sicherzustellen, dass nicht in der Nähe ihres Gesichts gekaut wird.

35 So viel Liebe kann wohl auch nur Paris Hilton für Vierbeiner verspüren: Sie ließ ihren Hunden doch tatsächlich eine 300 qm große Villa in ihren Garten bauen.

36 Tom Hanks ist mit Abraham Lincoln verwandt.

37 Morgan Freeman hat einen Bienenstock auf seiner Ranch in Mississippi und ist ein leidenschaftlicher Befürworter des Bienenschutzes.

38 Mark Wahlberg hätte am 11. September 2001 eigentlich in der Maschine sitzen sollen, die in den Nordturm des World Trade Centers flog. In letzter Minute entschied er sich jedoch dazu, ein Flugzeug mit Freunden zu chartern.

39 J. K. Rowling wurde als Sekretärin entlassen, weil sie häufig dabei erwischt wurde, wie sie tagträumte und ihre eigenen Geschichten schrieb.

40 Mark Wahlberg hat drei Brustwarzen.

41 Und Harry Styles hat vier Brustwarzen.

42 Die Mutter von Königin Elisabeth II. war ein derart großer Fan der Golden Girls, dass sie tatsächlich die Schauspielerinnen nach London bestellte, damit diese live für sie auftraten.

43 Eigentlich kennen wir Jean-Claude van Damme als mutigen Helden in zahlreichen Actionfilmen. Doch hättest Du gedacht, dass er ab dem Alter von 16 Jahren eine Ballettausbildung genoss?

44 Kaum zu glauben: Michelle Hunziker kam mit 14 Rippen zur Welt. Mit neun Jahren ließ sie die zwei, die zu viel waren, operativ entfernen.

45 Elton John legte sich selbst den Zweitnamen „Hercules" zu. Diesen wählte er nicht etwa nach dem Helden der griechischen Mythologie aus, sondern nach dem gleichnamigen Pferd aus der britischen Sitcom „Steptoe and Son" aus dem Jahr 1962.

46 Hape Kerkeling startete seine Karriere als Sänger der Schulband „Gesundfutter", die 1984 sogar ein Album herausbrachte („Hawaii"). Die darauf vertretenen Lieder tragen interessante Titel wie „Kartoffelbrei", „Kabel" oder auch „Pfirti".

47 Nach ihrem überragenden Sieg beim Eurovision Song Contest 2010 wurde Lena-Meyer Landrut die Ehre zuteil, sich in das Goldene Buch von Hannover einzutragen. Sie schrieb: „Wow! Verdammte Axt, ist das geil! Dankeschönst, Leni."

VON TRÄUMEN

UND SCHLAFMYTHEN

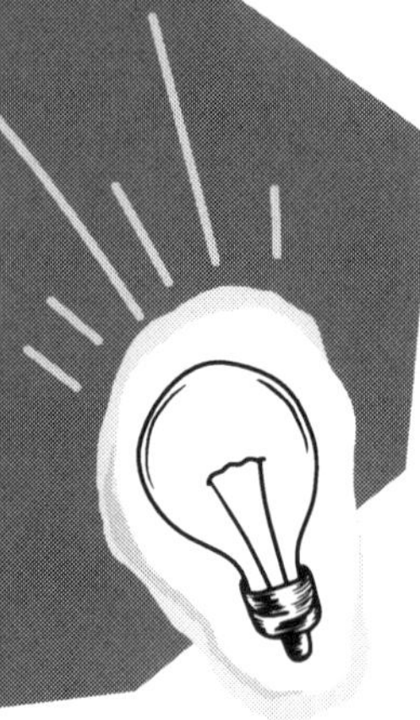

1 Pro Nacht wechseln wir 20 Mal unsere Schlafposition.

2 Im Schlaf verbrauchen wir etwa 60 Kalorien pro Stunde.

3 Während des Schlafens nimmt unser Gehirn Geräusche und andere Sinneseindrücke wahr, filtert sie jedoch, um einen ungestörten Schlaf zu gewährleisten.

4 Im Durchschnitt wachen wir pro Nacht etwa 28 Mal auf, ohne es zu merken.

5 Der Durchschnittsdeutsche schläft um 23.04 Uhr ein und wacht um 06.18 Uhr wieder auf.

6 Der Schlafbedarf variiert mit dem Alter; Neugeborene schlafen etwa 16 bis 18 Stunden pro Tag, während Erwachsene sieben bis neun Stunden Schlaf benötigen.

7 47 Prozent der Deutschen schlafen am liebsten in einem Pyjama, gefolgt von T-Shirt, Nachthemd und Slip. Lediglich 5 Prozent schlafen am liebsten, wie Gott sie schuf.

8 Der Mensch schläft etwa ein Drittel seines Lebens.

9 Im Schnitt dauert es sieben Minuten, bis wir einschlafen.

10 Parasomnien sind ungewöhnliche Verhaltensweisen während des Schlafes, zu denen Schlafwandeln, nächtliche Panikattacken und das Schlafreden gehören.

11 46 Prozent der Deutschen greifen zur Bettlektüre, wenn sie Einschlafprobleme haben. Gerade mal 5 Prozent zählen Schäfchen.

12 Pro Nacht sondern wir etwa einen halben Liter Schweiß im Schlaf ab.

13 Den „Rekord im Wachbleiben" hält der Brite Tony Wright mit 266 Stunden. Das entspricht 11 Tagen.

14 Experten in diesem Bereich sind britische Soldaten, die eine spezielle Technik entwickelt haben, um für lange Zeit wach zu bleiben: 36 Stunden!

15 ABER: 24 Stunden ohne Schlaf haben den gleichen Effekt wie vier Gläser Wein.

16 Der Sturz in die Tiefe wurde von Studienteilnehmern als häufigster Alptraum genannt, dicht gefolgt von Träumen zur Verspätung bei einem wichtigen Termin.

17 Bis zu 4.000 Milben leben in einem Gramm Bettstaub.

18 Alkohol macht zwar müde, doch der Schlaf im Vollrausch gleicht mehr einer Ohnmacht oder Narkose. Der Körper ist in diesem Moment so sehr mit dem Abbau des Alkohols beschäftigt, dass kein echter Tiefschlaf mit Erholungswert zustande kommt.

19 28 Tage Schlafentzug bei Ratten führten zum Tod.

20 Elefanten kommen mit zwei bis sechs Stunden Schlaf täglich aus.

21 Fledermäuse hingegen verschlafen 20 Stunden ihres Tages.

22 Während Giraffen zwei Stunden pro Nacht schlafen (stehend), können Schlangen bis zu drei Jahre lang schlafen.

23 Es ist nicht bekannt, ob Tiere träumen.

24 Seeotter halten während des Schlafs Händchen, damit sie auf dem Wasser nicht auseinandertreiben.

25 Der Schlaf spielt eine entscheidende Rolle bei der Festigung von Erinnerungen und beim Lernen, da das Gehirn während des Schlafes Informationen sortiert und speichert.

26 Napoleon schlief der Legende nach nur vier Stunden pro Nacht. Kein Wunder bei seinem vollen Terminplan!Albert Einstein wiederum habe 14 Stunden täglich mit Schlafen verbracht.

27 Laut einer Umfrage schnarchen etwa zwei Drittel der deutschen Männer. Glücklicherweise gaben 80 % der befragten Partner an, sich daran nicht sonderlich zu stören.

28 Ein vollständiger Schlafzyklus dauert etwa 90 bis 110 Minuten und wiederholt sich mehrmals pro Nacht.

29 Die Deutschen schlafen bevorzugt auf der Seite. Ganze 68 % der Befragten nannten die Seitenstellung als bevorzugte Position. Laut der zugrundeliegenden Studie liegen 7 % auf dem Rücken und 17 % auf dem Bauch, während sie schlummern.

30 Die Schlafposition kann Einfluss auf die Gesundheit haben, z. B. wird das Schlafen auf der linken Seite oft für Menschen mit saurem Reflux empfohlen.

31 Etwa 10 bis 30 % aller Kinder schlafwandeln bis zu ihrer Pubertät mindestens einmal.

32 Google findet derzeit 21.800.000 Ergebnisse zu „Schlaf". Zum Suchwort „Arbeit" wiederum werden 228.000.000 Treffer angezeigt.

33 Chronischer Schlafmangel ist mit einer höheren Anfälligkeit für Herzkrankheiten, Diabetes, Gewichtszunahme und einer geschwächten Immunfunktion verbunden.

34 Schlafapnoe ist eine Störung, bei der die Atemwege während des Schlafes kurzzeitig blockiert werden, was zu wiederholten Atempausen führt.

35 Luzide Träume sind Träume, bei denen sich die träumende Person bewusst ist, dass sie träumt. Manche Menschen können diese Art von Träumen kontrollieren.

36 12 % aller Menschen träumen ausschließlich in Schwarzweiß.

37 Wir können nur von Gesichtern träumen, die wir schon einmal gesehen haben – auch wenn wir uns nicht an sie erinnern.

38 Schlafen im Flugzeug kann aufgrund des veränderten Umgebungslichts und der Zeitzone zu gestörten Schlafmustern führen.

39 Yogaübungen können die Schlafqualität verbessern, indem sie Stress reduzieren und den Körper auf einen ruhigeren Schlaf vorbereiten.

40 Eltern verlieren während der zwei ersten Lebensjahre ihres Babys durchschnittlich sechs Monate Schlaf.

41 Das australische Instrument Didgeridoo kann angeblich Schnarchen heilen.

42 Der Weltrekord im Schnarchen liegt bei 93 Dezibel, was einem vorbeifahrenden LKW entspricht.

43 In einer von vier Ehen schläft das Paar in getrennten Betten.

44 Powernapping (Xeu-Xi) gilt in China als Grundrecht.

45 Frauen leiden doppelt so häufig an Schlafstörungen wie Männer. Dieses Ungleichgewicht lässt sich auf die hormonellen Unterschiede zwischen den Geschlechtern zurückführen.

ÜBERSCHRIFT

SPORT!

1 Heutzutage hat fast jeder Mensch einen Bezug zum Sport. Es gibt so viele Sportarten und -formen, dass man kaum noch den Überblick behalten kann. Die Liste auf Wikipedia umfasst ganze 250 Sportarten.

2 Die Sportart Badminton wurde zu Beginn noch als „Poona" bezeichnet.

3 Während der Olympischen Spiele in China aß Usain Bolt nach eigenen Aussagen nur Chicken Nuggets, da dies die einzige Mahlzeit war, die er von zu Hause kannte. Schlussendlich gewann er drei Goldmedaillen.

4 Der Boxring wird als „Ring" bezeichnet, weil er früher tatsächlich rund war. Statt seiner heutigen Form standen die Zuschauer damals meist nur im Kreis um die Kämpfer herum.

5 Der Weltrekord im „Die meisten Liegestütze an einem Tag machen" liegt bei 46.001.

6 Unter den 30 schnellsten 100-Meter-Sprints in der Geschichte des Sports gibt es lediglich neun Fälle, die nicht mit Doping in Verbindung stehen. Diese neun Läufe wurden allesamt von Usain Bolt absolviert.

7 Pro Jahr werden weltweit circa 100 Millionen Fahrräder produziert.

8 Beim Bogenschießen warf ein olympischer Athlet im Jahr 2012 seine Goldmedaille auf den Boden, weil die Hymne falsch gespielt wurde.

9 James Fixx, der Erfinder des Wortes „Jogging", starb beim Joggen an einem plötzlichen Herztod.

10 Der älteste Golfer der Welt, mit 103 Jahren, hat einen Hole-in-One erzielt.

11 Der US-Profi-Schwimmer Michael Phelps hat mehr Goldmedaillen gewonnen als 80 Prozent aller Länder in der Geschichte der Olympischen Spiele.

12 In Finnland gibt es eine jährliche Weltmeisterschaft im Handy-Weitwurf.

13 Für Autorennen nutzt die Firma Nissan ausschließlich die Nummer 23 auf ihren Fahrzeugen, da die Zwei im Japanischen als „ni" ausgesprochen wird und die Drei als „san". Zusammen ergibt sich also „ni-san".

14 1993 wurde der Mount Everest von einem Mann bestiegen, der ein Fahrrad bis zum Gipfel trug und dann damit hinunterfuhr.

15 Während der Olympischen Sommerspiele 1904 in St. Louis erreichte der US-Amerikaner Frederick Lorz als Erster das Ziel des Marathonlaufs. Es stellte sich jedoch heraus, dass er etwa die Hälfte der Strecke mit dem Auto zurückgelegt hatte.

16 Beim Cricket wurde 1744 das erste offizielle Regelbuch erstellt, um sicherzustellen, dass die Spieler nicht betrügen.

17 Dem US-amerikanischen Profi-Basketballspieler Shaquille O'Neal gelang während seiner gesamten Profikarriere lediglich ein einziger Drei-Punkte-Wurf.

18 Das längste Tennismatch der Geschichte dauerte elf Stunden und fünf Minuten.

19 Von 1912 bis 1948 war Architektur eine olympische Disziplin.

20 Im Jahr 2008 wurde beim Saubermachen des Pools bei den Olympischen Spielen in Peking zu viel Chemikalie hinzugefügt, was zu grünem Wasser führte und für viele amüsante Spekulationen sorgte.

21 Die Sportart „Quidditch" aus den „Harry-Potter"-Romanen ist mittlerweile ein anerkannter Sport in unserer Welt – mit eigenen Ligen und regelmäßig stattfindenden Weltmeisterschaften.

22 Die Beine von Volleyballspielern werden von Modeexperten oft als die besten in der Sportwelt bezeichnet.

23 Oktopus-Wrestling war in den 1960er Jahren ein populärer Trend. Ein Taucher kämpfte dabei mit einem Oktopus und versuchte, ihn aus dem Wasser zu tragen.

24 Die längste Tischtennisball-Rallye-Rekord beträgt mehr als acht Stunden.

25 Der Brite Ben Smith rannte von 2015 bis 2016 an 401 Tagen 401 Marathons, um Geld für Mobbingopfer zu sammeln. Mit seiner „401 Challenge“ stellte er einen Weltrekord auf und legte insgesamt 16.908 Kilometer zurück.

26 In der Geschichte der USA gibt es insgesamt 17 Amerikaner, die einen Marathon in weniger als zwei Stunden und zehn Minuten gelaufen sind. Im Vergleich dazu schafften es 32 Kenianer allein im Oktober 2011.

27 Der höchste professionelle Basketballkorb befindet sich auf einer Höhe von 82 Metern und steht auf dem Dach des Tower of the Americas in San Antonio, USA.

28 1949 wurde ein Boxkampf zwischen dem Boxer Gus Waldorf und einem Bären ausgetragen. Der Bär erhielt einen Maulkorb und ihm wurden Boxhandschuhe angezogen, um „faire“ Bedingungen für beide Kämpfer zu schaffen. Schlussendlich gewann der Bär.

29 Der höchste professionelle Kletterturm für Baumkletterer misst über 73 Meter und befindet sich in Deutschland.

30 In Finnland gibt es seit 1992 die „Wife Carrying World Championship“. Dabei versuchen Männer, ihre Ehefrauen so schnell wie möglich über eine weite, mit Hindernissen versehene Distanz ins Ziel zu tragen. Der Gewinner erhält das Gewicht seiner Frau in Bier.

31 Einige Baseballteams haben Maskottchen, die speziell für die Aufgabe ausgebildet sind, den gegnerischen Pitcher aus dem Konzept zu bringen.

32 Als Gladiatoren wurden im alten Rom ausschließlich Kämpfer bezeichnet, die gegen andere Menschen um Leben und Tod kämpften. Menschen, die ausschließlich gegen Tiere antraten, wurden „Bestiarii“ genannt.

33 Beim Pferderennen „Man versus Horse Marathon“ in Wales treten Menschen gegen Pferde an; bisher hat nur einmal ein Mensch gewonnen.

34 Der australische Ruderer Bobby Pearce gewann 1928 bei den Olympischen Spielen gegen acht andere Wettkämpfer - und das, obwohl er während des Ruderrennens anhielt, um Enten vor sich vorbeiziehen zu lassen.

35 In Amsterdam gibt es ein Fitnessstudio, in dem man nackt trainieren kann.

36 In Nordkorea wird Basketball nach eigenen Regeln gespielt. Das Team verliert beispielsweise Punkte, wenn es bei Freiwürfen nicht trifft und ein Dunk bringt drei anstatt der üblichen zwei Punkte.

37 Im Jahr 1957 musste eine Seniorin aus einem Baseballstadion gebracht werden, weil sie ein Ball direkt im Gesicht traf. Als die Sanitäter sie abtransportierten, wurde sie von einem weiteren Ball getroffen.

38 2002 trat der Langstreckenläufer Tom Johnson in einem 80-Kilometer-Rennen gegen ein Pferd an. Er lief die Strecke in fünf Stunden und 45 Minuten und kam damit zehn Sekunden vor dem Pferd an.

39 Miguel Indurain, der fünffache Sieger der Tour de France, hat einen Ruhepuls von 28 Schlägen pro Minute.

40 Im Jahr 1923 belegte ein toter Reiter den ersten Platz bei einem Pferderennen in New York, USA. Der Reiter erlitt während des Rennens einen Herzinfarkt und das Pferd trug den toten Körper bis ins Ziel.

41 Manohar Aich wurde 1952 zum Mr. Universe gewählt. Er wurde über 100 Jahre alt und ging bis zu seinem Tod regelmäßig ins Fitnessstudio.

42 Die aus Kansas City stammende Chau Smith lief zu Ehren ihres 70. Geburtstags sieben Marathons an sieben aufeinanderfolgenden Tagen auf sieben Kontinenten.

43 Ein Kilogramm Muskelmasse verbraucht pro Jahr 36.000 Kalorien.

44 1955 trennten sich die Minneapolis Lakers und die Milwaukee Bucks mit 19 zu 18 Punkten. Dies ist das niedrigste Ergebnis in der Geschichte der NBA.

45 Mit 1,62 Meter ist Muggsy Bogues bis heute der kleinste NBA-Spieler aller Zeiten. Ironischerweise spielte er einige Zeit mit dem 2,31 Meter großen Manute Bol in einer Mannschaft.

46 Deion Sanders ist der einzige Sportler, der als Spieler sowohl in der NFL einen Touchdown erzielte als auch in der MLB einen Home Run schlug.

47 Weltweit schauen sich jährlich etwa 900 Millionen Menschen das Finale der NFL – den Super Bowl – an.

48 Sumoringer nehmen täglich bis zu 20.000 Kilokalorien zu sich. Das sind umgerechnet etwa 66 Cheeseburger von McDonalds!

DIE VERRÜCKTE FUSSBALLWELT

1 1872 fand das erste Länderspiel nach Regeln der Football Association statt. Es standen sich Schottland und England gegenüber, das Spiel endete torlos.

2 Uruguay wurde als erstes Land Fußballweltmeister: Es gewann die erste Weltmeisterschaft 1930 im eigenen Land.

3 Seit 1982 gab es in jedem WM-Finale mindestens einen Spieler des FC Bayern München auf dem Feld.

4 Am 11. November 1987 absolvierte Mark Hughes am selben (!) Tag zwei Spiele für zwei verschiedene Teams: erst ein EM-Qualifikationsspiel mit Wales gegen die Tschechoslowakei, danach für den FC Bayern gegen Borussia Mönchengladbach. Heutzutage unvorstellbar, oder?

5 Brasilien ist die einzige Nation, die bislang an allen 21 Weltmeisterschaften teilgenommen hat. Danach folgt Deutschland, das nur die beiden Endrunden 1930 und 1950 verpasste.

6 Miroslav Klose ist der einzige Spieler in der Geschichte, der bei drei verschiedenen WM-Turnieren den goldenen Schuh für den besten Torschützen gewonnen hat.

7 1982 kamen bei einem Flugzeugabsturz alle Passagiere ums Leben. Bis auf einen – Uli Hoeneß.

8 Steffen Effenberg hat in seinen 370 Bundesligaspielen stolze 114 Gelbe Karten kassiert. Das muss man erst mal schaffen!Mit rund 300.000 Vereinsmitgliedern ist der FC Bayern München der mitgliederstärkste Sportverein der Welt.

9 Es wurden in der Saison 2018/2019 über 30 Handelfmeter gepfiffen, fast dreimal so viele wie in den Jahren zuvor. Als Grund dafür kommt wohl nur der Videobeweis (VAR) infrage.Die Schale für den Gewinn der deutschen Meisterschaft hat einen Materialwert von 25.000 Euro.

10 Laut Arbeitsvertrag haben Bundesligaspieler eine 40-Stunden-Woche.

11 Der mitgliederstärkste Sportverband weltweit ist mit über sieben Millionen Mitgliedern der DFB, das sind fast zehn Prozent der deutschen Gesamtbevölkerung.

12 Wusstest du, dass knapp 40 Prozent aller Bundesliga-Aufsteiger in der darauffolgenden Saison wieder absteigen?

13 Knapp jeder dritte deutsche Fußballverein beginnt mit SV, fast jeder sechste mit FC oder TuS.

14 FC Arsenal ist der einzige Klub, der eine gesamte Saison in der Premier League ohne Niederlage absolviert hat (2003/2004).

15 Oliver Kahn hat in seiner Karriere insgesamt 632 Spiele ohne Gegentor absolviert, was einen Rekord in der deutschen Bundesliga darstellt.

16 Michael Tönnies schoss den schnellsten Hattrick in der Bundesliga: Binnen fünf Minuten traf er dreimal gegen Torhüter Oliver Kahn.

17 José Mourinho blieb mit seinen Teams zwischen 2002 und 2011 in 150 Liga-Heimspielen in Folge ungeschlagen.

18 Erst drei Jahre, nachdem die ersten Fußballregeln festgelegt wurden, wurde das Handspiel verboten.

19 Die einzigen olympischen Goldmedaillen, die Uruguay je gewonnen hat, waren bei den Olympischen Spielen 1924 und 1928 für Fußball.

20 Die 20 reichsten Fußballvereine der Welt kommen alle aus Europa.

21 Fußball wurde bereits vor 2200 Jahren in China erfunden. Der Name des Spiels war ursprünglich „Tsu Chu", was „Tretball" bedeutet.

22 Elf Kilometer legt ein Fußballer durchschnittlich während eines Spiels zurück.

23 Ronaldinho schoss mit 13 Jahren alle 23 Tore in einem Spiel, das seine jugendliche Amateurmannschaft mit 23 zu 0 in Brasilien gewann.

24 Cristiano Ronaldo und Zlatan Ibrahimović haben in jeder Minute eines Fußballspiels getroffen.

25 Die erste professionelle Fußballliga wurde 1888 in England gegründet. Sie wird als „The Football League" bezeichnet.

26 Der italienische Spieler Francesco Totti spielte während seiner Karriere nur für den AS Rom und gilt als absolute Vereinslegende.

27 David Beckham erzielte während seiner Karriere 65 Freistoßtore. Unglaublich, oder?

28 In Australien gibt es eine Sportart namens „Calcio Fiorentino", die eine Mischung aus Fußball, Rugby und Wrestling ist.

29 Der brasilianische Klub Flamengo hat mehr als 40 Millionen Fans und ist damit einer der Vereine mit den meisten Anhängern weltweit.

30 In der spanischen Liga gilt die Regel, dass höchstens drei Nicht-EU-Ausländer beschäftigt werden dürfen.

31 Der ehemalige deutsche Nationalspieler Lothar Matthäus hat insgesamt fünf Mal geheiratet.

32 Manchester United hat eine eigene Klosterbrauerei, die Bier für den Verkauf im Old Trafford Stadion produziert.

33 In der Saison 1937/38 stieg Manchester City trotz eines positiven Torverhältnisses aus der Football League First Division ab (80 zu 77 Tore).

34 In der Geburtsurkunde des ehemaligen französischen Nationalspielers Rio Mavuba steht als Geburtsort „Auf hoher See" – er wurde auf einem Boot in internationalen Gewässern geboren.

35 Zinedine Zidane wurde in seiner gesamten Karriere nie wegen Abseits zurückgepfiffen.

36 In Halbfinalspielen hat Cristiano Ronaldo mehr Tore erzielt als Messi, Suarez, Neymar und Ibrahimović zusammen.

37 Im Vatikan wohnen nur knapp 932 Menschen. Trotzdem gibt es dort 16 Fußballmannschaften, die jährlich bei einem Turnier aufeinandertreffen.

38 Der ehemalige Barcelona-Profi Alex Song hat 27 Geschwister – 17 Schwestern und 10 Brüder.

39 Auf den Färöer-Inseln darf der Ball beim Ausführen eines Elfmeters von einem Mitspieler festgehalten werden. Grund dafür sind die landestypischen Windböen.

40 Barcelona, Real Madrid und Athletic Bilbao sind die einzigen Mannschaften, die bislang ununterbrochen in der ersten spanischen Liga spielen.

41 Unser damaliger Nationaltrainer Jürgen Klinsmann hat eine Lehre als Bäcker absolviert.

42 Die Mütter von Miroslav Klose und Lukas Podolski spielten in der Handballnationalmannschaft von Polen.

43 Nur etwa jeder 50. Eckball führt wirklich zu einem Tor.

44 Wusstest du, dass nur jedes dritte Spiel von einer Mannschaft gewonnen wird, die häufiger im Ballbesitz war als der Gegner?

45 Der verbreitetste Klubname der Welt ist „Dynamo".

46 Der ehemalige brasilianische Fußballspieler Pelé soll während seiner Karriere mehr als tausend Tore geschossen haben.

47 Der spanische Fußballverein Athletic Bilbao ist bekannt für seine Politik „Nur Basken", bei der nur Spieler aus dem Baskenland oder aus Navarra, einer benachbarten Region, für die erste Mannschaft spielen. Trotz dieser Politik sind sie nie abgestiegen.

48 Die englische Fußballlegende David Beckham hat eine Phobie vor Vogelkot. Er hat einmal sogar ein Spiel unterbrochen, um einen Vogelkotfleck von seinem Trikot zu entfernen.

49 Die Farbe der Karten in Fußballspielen wurde vom System der Verkehrsampeln inspiriert: Gelb bedeutet „Achtung" und Rot bedeutet „Stopp".

50 Während des Zweiten Weltkrieges wurde der englische Fußballbetrieb für sieben Jahre ausgesetzt.

51 Fußball ist die beliebteste Sportart weltweit und wird wohl in jedem Land gespielt. Schätzungen zufolge gibt es 250 Millionen Fußballer weltweit.

52 Im Jahr 1964 wurde ein Schiedsrichter in Peru von einem Spieler so schwer attackiert, dass er dies nicht überlebte. Unvorstellbar!

53 Die teuersten Fußballstadien der Welt sind das Wembley-Stadion und das MetLife-Stadion in New Jersey mit Baukosten von jeweils 1,5 Milliarden Euro.

54 Paulo Diogo (Servette Genf) ließ sich nach seinem Tor am Zaun feiern. Sein Ehering verhakte sich dabei und riss ihm den Finger ab.

55 Gewinnbringendes Ritual? Bei der Heim-WM 1998 küsste der Franzose Laurent Blanc vor jedem Spiel die Glatze seines Torwarts Fabien Barthez.

56 Mario Gomez vertraute über 16 Jahre lang auf dieselben Schienbeinschoner.

57 Gerd Müller trug stets Schuhgröße 41, obwohl er eigentlich 38 hatte. Damit könne er sich besser drehen, begründete er dies.

58 Frankreichs ehemaliger Nationaltrainer Raymond Domenech soll seine Mannschaft oft nach deren Sternzeichen aufgestellt haben.

59 Bastian Schweinsteiger feuchtete vor jedem Spiel seine Socken und Schuhe an, um ein besseres Ballgefühl zu haben.

60 Als Zeichen und Dank für die Liebe zu seiner Frau küsste Bayern-Profi Carsten Jancker nach jedem seiner Treffer seinen Ehering.

61 Der schnellste jemals aufgezeichnete Schuss in einem Fußballspiel hatte eine Geschwindigkeit von 211 km/h und wurde von Ronny Heberson getreten.

62 Der kleinste Fußballspieler, der jemals in einem Profispiel gespielt hat, war der Argentinier Javier Acuna, der nur 1,34 m groß war.

63 Die Bierleitung der Schalker Veltins-Arena ist fünf Kilometer lang. Aus vier Kühlzentren führt sie zu 133 Zapfhähnen in 32 Kiosken.

64 Der FC Bayern München hat im Jahr 2001 einen Schiedsrichter wegen seiner Leistung mit einem Pferd namens Amor beschenkt.

65 Der VFL Wolfsburg hat einen Wolf als Maskottchen und der 1. FC Köln eine Ziege namens Hennes.

66 Der VFB Stuttgart hatte in seiner Vereinsgeschichte fünf verschiedene Maskottchen, darunter ein Mammut und einen Waschbären.

67 Der Deutsche Fußballbund (DFB) wurde im Jahr 1990 gegründet und ist damit einer der ältesten Fußballverbände der Welt.

68 Rudi Assauer verpasste Gerald Asamoah einst den Spitznamen „Blondie“.

69 Der DFB-Pokal hat ein Fassungsvermögen von acht Litern, also genug Platz, um den Sieg auch ausgiebig zu feiern.

70 In den 1980er Jahren spielte Werner Lorant für den FC St. Pauli, der während des Spiels einen Gegner mit einem gezielten Wurf seines Schuhs niederschlug.

71 Der FC Bayern München hat mit bisher 31 Deutschen Meisterschaften den Titel als Rekordmeister redlich verdient.

72 Der FC Bayern München wurde von 2013 bis 2022 zehn Mal in Serie Deutscher Meister.

73 In der Saison 2012/13 wurden die Bayern mit 25 Punkten Vorsprung Meister.

74 Die frühste Meisterschaft gelang den Bayern ein Jahr später am 27. Spieltag.

75 Der 1. FC Kaiserslautern schaffte es 1997/98, Meister zu werden, und das als Aufsteiger. Das gelang bisher keiner anderen Mannschaft in Deutschland.

76 Thomas Müller hat mit dem Titelgewinn 2021/22 als erster Spieler der Geschichte elf Meisterschaften gewonnen.

SPRACHEN AUS
ALLER WELT

1 Die meistgesprochene Sprache der Welt ist Englisch mit 1.121.000.000 Sprechern.

2 Die meisten Sprachen werden aber in Asien und Afrika gesprochen.

3 Englisch wird in jedem Land der Welt unterrichtet, aber wusstest du, dass dies auch für Französisch gilt?

4 Jede Sprache hat eine unterschiedliche Anzahl an Wörtern. Dennoch gibt es viele Sprachen, die einen ähnlich großen Wortschatz besitzen. Die meisten Sprachen verfügen über mehr als 50.000 Wörter.

5 Es ist schwierig, eine genaue Zahl zu nennen, wenn man über die Sprachen auf der Welt sprechen möchte. Hier ist immer entscheidend, ob man Dialekte und Idiome auch zu den offiziellen Amtssprachen zählt. Insgesamt sind es aber wohl etwa 6.000 bis 7.000.

6 Hast du schon einmal von der Sprache Esperanto gehört? Diese Sprache ist eine Besonderheit, da sie künstlich erschaffen wurde. Sie wird von etwa 500.000 Personen gesprochen.

7 Wusstest du, dass der Heilige Vater auf verschiedenen Sprachen twittert? Genauer gesagt sind es acht Versionen: Englisch, Italienisch, Spanisch, Deutsch, Portugiesisch, Polnisch, Französisch und Arabisch.

8 Es gibt drei wichtige Gruppen, wenn man die europäischen Sprachen unterteilen möchte: das Germanische, das Romanische und das Slawische.

9 Zu den germanischen Sprachen gehören u. a. Dänisch, Norwegisch, Schwedisch, Isländisch, Deutsch, Niederländisch, Englisch und Jiddisch.

10 Wie besondere Tier- oder Pflanzenarten können leider auch Sprachen aussterben. Wenn eine Sprache keine Sprecher mehr hat und nicht aufgezeichnet wird, geschieht dies.

11 In den meisten Ländern Europas gibt es eine Reihe von Regional- oder Minderheitensprachen, von denen einige auch Amtssprachen sind.

12 Das Khmer-Alphabet aus Kambodscha ist mit 74 Buchstaben eines der komplexesten Alphabete der Welt.

13 „Rhythms" ist das längste englische Wort ohne Vokale.

14 Das englische Wort „set" hat die meisten unterschiedlichen Bedeutungen, je nach Kontext – über 430!

15 Das phönizische Alphabet, das im 11. Jahrhundert v. Chr. entstand, gilt als das älteste bekannte schriftliche Alphabet.

16 Chinesisch (Mandarin) hat die meisten Muttersprachler auf der Welt, gefolgt von Spanisch und Englisch.

17 Der längste bekannte Satz ist ein grammatischer Albtraum im Sanskrit, der aus über 4.000 Wörtern besteht.

18 Für das englische Wort „orange“ gibt es im Englischen kein passendes Reimwort.

19 Die austronesische Sprache Pirahã gilt als eine der grammatisch komplexesten Sprachen der Welt.

20 Mandarin und Kantonesisch gelten als einige der schnellsten gesprochenen Sprachen, gemessen an der Silbenanzahl pro Minute.

21 Das georgische Alphabet hat 33 Buchstaben.

22 Das längste deutsche Wort lautet „Donaudampfschifffahrtselektrizitätenhauptbetriebswerkbauunterbeamtengesellschaft“.Sumerisch, eine alte Sprache aus Mesopotamien, gilt als eine der ältesten schriftlichen Sprachen der Welt.

23 „I am“ ist der kürzeste vollständige Satz im Englischen.

24 Das tschechische Wort „scvrnkls“ hat keine Vokale und besteht aus acht aufeinanderfolgenden Konsonanten.

25 Im Norwegischen werden bestimmte Artikel dem Wort nachgestellt. „En fisk” ist somit „ein Fisch”, „fisken” hingegen „der Fisch”.

26 Papua-Neuguinea ist das Land mit der höchsten Anzahl von gesprochenen Sprachen: mehr als 800.

27 Die sumerische Keilschrifttablette „Kish Tablet“ ist einer der ältesten bekannten schriftlichen Texte und stammt aus dem Jahr 3500 v. Chr.

28 Das hawaiianische Wort „lohumokuakane“ hat 15 Silben.

29 In China gibt es die meisten Dialekte, wobei manche so unterschiedlich sind, dass sie kaum verständlich sind.

30 1934 wurde in Paris ein Wettbewerb über die Schönheit von Sprachen abgehalten. Französisch, Persisch und Ukrainisch belegten die ersten drei Plätze.

31 Die australische Sprache Guugu Yimithirr verwendet keine Substantive, sondern beschreibt alles in Bezug auf die Himmelsrichtungen.

32 Die serbische Sprache verfügt über zwei Alphabete, das kyrillische und das lateinische, die beide offiziell anerkannt sind.

33 Auf der Insel Bougainville in der Nähe von Papua-Neuguinea spricht man eine Sprache, die nur zwölf Buchstaben hat.

34 In den meisten Sprachen hat jedes Verb einen Infinitiv, nicht aber im Bulgarischen.

35 Die Vereinigten Staaten besitzen keine Amtssprache. Obwohl Englisch die Muttersprache vieler US-Amerikaner ist – und natürlich auch die Sprache von Wirtschaft, Medien und Politik des Landes – ist es nicht gleichzeitig die offizielle Amtssprache der Vereinigten Staaten.

36 Im ersten Lebensjahr äußern Kleinkinder eine Vielzahl vokalischer Laute. Etwa im Alter von einem Jahr sprechen sie die ersten verständlichen Wörter. Mit drei Jahren bilden sie komplexe Sätze und mit fünf Jahren kennen sie mehrere tausend Wörter.

37 Die bosnische Sprache verwendet viele Germanismen, zum Beispiel „šminka" für „Schminke" und „šnajder" für „Schneider".

38 Es gibt etwa 225 indigene Sprachen in Europa – rund 3 % aller Sprachen weltweit.

39 Zwei- und Mehrsprachigkeit verschafft auch wirtschaftliche Vorteile: Wer mehrere Sprachen spricht, findet leichter Arbeit, und multilinguale Unternehmen haben einen Wettbewerbsvorteil gegenüber monolingualen Betrieben.

40 Europa wird immer multilingualer. Allein in London werden etwa 300 Sprachen gesprochen, in Berlin immerhin über 100.

41 Deutsch ist die einzige Sprache der Welt, in der alle Nomen großgeschrieben werden.

42 Griechisch hat einen starken Einfluss auf hunderte andere Sprachen. Etwa 12 % aller englischen Wörter stammen aus dem Griechischen, im Deutschen sind es mindestens 5 % (z. B. „Biologie" und „Demokratie").

43 Polnisch gilt mit seinen sieben Fällen und einer komplexen Konjugation als sehr schwierig zu erlernen. Jedes Verb hat 25 verschiedene Formen.

44 Im Türkischen gibt es keine unregelmäßigen Verben. Ein Traum für jeden Schüler!

45 Das russische Alphabet hat 33 Buchstaben, von denen zwei keinen eigenen Klang besitzen, aber grammatikalische Bedeutung haben und daher trotzdem als Buchstaben gesehen werden.

46 Nur wenige walisische Wörter haben es in die heutige englische Sprache geschafft. Zu ihnen zählen „corgi", „flannel" und seltsamerweise wohl auch „penguin".

47 Um 900 n. Chr. ließen sich Wikinger in Island nieder. Ihre Sprache blieb bis heute geradezu unverändert. Die ersten Sagen, die um 1200 n. Chr. aufgeschrieben wurden, können von Isländern daher bis heute problemlos gelesen werden. Außerdem gibt es in Island fast keine Dialekte.

48 Die irische Sprache hat keine Wörter für „ja" und „nein". Fragen werden stattdessen immer in der Verbform beantwortet.

49 Im Irischen hängen die Wörter für Zahlen davon ab, was genau gezählt wird. Es gibt drei unterschiedliche Kategorien: Mathe/Daten/Zeiten, Menschen und Nicht-Menschen.

ABSURDE

WELTREKORDE

1 Die Person mit den meisten Weltrekorden im Guinnessbuch ist der in Brooklyn geborene Ashrita Furman.

2 Villa San Giovanni hält den Weltrekord für die meisten Tassen in einer Hand: 2021 hielt der Italiener 25 Tassen in einer Hand.

3 Ebenfalls hält er den Rekord für die meisten Pokerchips auf einem Finger – nämlich 200 Stück!

4 Seit 2011 hält Charlotte Lee offiziell den Rekord für die größte Gummienten-Kollektion. Zum Zeitpunkt des Eintrags waren es 5.361 verschiedene.

5 Im April 2012 schufen die Organisatoren in Austin, USA, den schwersten Ball aus Hundehaar. Durch das Bürsten von 8.126 Hunden wurde es möglich, eine Kugel mit einem Gewicht von 91 Kilogramm zu bilden.

6 Mit 834 Käsesorten auf einer Pizza begründeten drei Menschen in Lyon, Frankreich, einen neuen Weltrekord.

7 Im Jahr 2017 lief Cat Dascendis in London 3 Stunden, 46 Minuten und 55 Sekunden verkleidet als Lebkuchenfigur – der schnellste Halbmarathon in einem Kostüm.

8 Radha Kant Bajpai aus Indien hat die längsten Ohrenhaare der Welt: Ganze 27,9 Zentimeter sind sie lang.

9 Darren Taylor hält den Rekord im Bauchklatscher-Springen. Aus 11,5 Metern sprang er in einen Pool, der gerade einmal 30 Zentimeter tief ist.

10 Ekkachai und Laksana Tiranarat aus Thailand legten den Rekord im Dauerküssen fest: Dieser liegt bei sage und schreibe 58 Stunden und 35 Minuten.

11 Rathakrishnan Velu aus Malaysia zog eine Eisenbahn mit einem Gewicht von 297 Tonnen über eine Distanz von 2,8 Metern mit seinen Zähnen.

12 3 Minuten und 57 Sekunden balancierte der US-Amerikaner Ashrita Furman einen Tischtennisball auf einem Löffel.

13 Graham Barker stellte den nächsten Rekord auf, indem er 20 Jahre lang Textilreste aus seinem Bauchnabel sammelte. Mit 22,1 Gramm erzielte er einen Guinness-Weltrekord.

14 Ashrita Furman zerdrückte in einem Café in New York die meisten Eier mit dem Kopf – genau 80 Stück.

15 Jef van Dijk erzielte ebenfalls einen Weltrekord, indem er gleichzeitig 227 T-Shirts trug. Kalt dürfte ihm unter dieser Schicht bestimmt nicht gewesen sein...

16 Mit Dartpfeilen in einer Holzwand als Leiter schaffte der 13-jährige Maiko Kieswetter einen erstaunlichen Aufstieg, indem er ganze fünf Meter in die Höhe kletterte.

17 Der Engländer Ken Edwards trieb es wirklich auf die Spitze: Vor Publikum stopfte er sich 47 Ratten in die Unterhose und stellte somit einen Weltrekord auf.

18 Cynthia Lauren Arnold hält einen Rekord, indem sie einen Marathon in 3 Stunden und 11 Minuten lief, begleitet von ihren drei Kindern im Kinderwagen, der insgesamt etwa 85 kg wog.

19 Robert Wadlow ist mit 2,72 Metern der größte Mann aller Zeiten.

20 Chandra Bahadur Dangi aus Nepal darf sich offiziell als kleinster Mensch der Welt bezeichnen. Er misst genau 54,6 Zentimeter.

21 Taekwondo-Profi Muhamed Kahrimanovic aus Hamburg hat 2017 innerhalb einer Minute 123 Kokosnüsse mit der bloßen Hand zerschlagen. Autsch!

22 2012 quetschten sich 28 Damen eines Gymnastikteams in einen Mini Cooper. Damit verdienten auch sie sich einen Eintrag ins Guinness-Buch der Rekorde.

23 Der größte und schwerste Apfel der Welt wurde laut Guinness-Buch der Rekorde im Jahr 2005 in Japan geerntet und wog 1,8 Kilogramm.

24 Die größte Zitrone stammt aus Israel, wog 5,3 Kilogramm und maß 35 Zentimeter.

25 Marawa Ibrahim brach 2015 ihren eigenen Weltrekord und schwang sage und schreibe 200 Hula-Hoop-Reifen gleichzeitig.

26 Der Australier Derek Herron traf in der Schweiz an einem Stausee aus 180 Metern Höhe einen Basketball in den Korb – bereits nach seinem dritten Versuch.

27 24 Minuten unter Wasser bleiben; das schaffte Aleix Segura, der damit den Weltrekord im Zeittauchen aufstellte.

28 Wildhüter Roy Sullivan ist laut Guinnessbuch der Mensch, der am häufigsten vom Blitz getroffen wurde.

29 Jarrad Young stellte im August 2018 den unglaublichen Weltrekord von 2.806 Push-ups in einer Stunde auf.

30 Der offizielle Weltrekord im Bankdrücken von Ryan Kennelly liegt bei sagenhaften 487,6 Kilogramm.

31 Der Brite Michael Lauridsen drehte 35 Flaschen in einer Minute mit seiner Zunge um und stellte damit einen Rekord auf.

32 Der Armenier Hrachik Kostandyan ist Experte für Liegestütze auf zwei Fingern. 57 Stück schaffte der Kampfsportler in einer Minute.

33 Der Brite Paul Hunn erreichte mit dem längsten kontinuierlichen Rülpser, der 1 Minute und 23 Sekunden dauerte, einen Rekord.

34 2019 stellte der US-Amerikaner Brett Williams in Forth Worth, USA, die noch heute gültige Bestmarke auf: Er sprang aus dem Stand 1,651 Meter.

35 Den einbeinigen Rekord hält übrigens der Kanadier Evan Ungar. Er sprang 2018 zwar etwas weniger hoch, aber immer noch auf starke 1,346 Meter. Zum Vergleich: Ein normaler Tisch ist 75 bis 80 Zentimeter hoch.

36 Der längste jemals gemessene Fingernagel hatte eine Länge von über acht Metern. Lee Redmond aus den USA hielt diesen Rekord.

37 Der Ire Charlie Bell schälte und aß in einer Minute acht Bananen, ein Rekord, der im Jahr 2013 aufgestellt wurde.

38 David Spathaky aus Großbritannien jonglierte erfolgreich mit 94 Sägen gleichzeitig.

39 Kevin Shelley aus Großbritannien benötigte nur 14,88 Sekunden, um eine Holztür mit seinem Kopf einzuschlagen.

40 Der chinesische Künstler Ruan Liangming stellte einen Rekord auf, indem er sich mit 1,1 Millionen Bienen bedeckte.

41 Der Amerikaner Anthony Kelly schoss 67 Feuerwerksraketen gleichzeitig in seiner Mundhöhle ab.

42 Julia Plecher aus Deutschland lief im Jahr 2013 den schnellsten 100-Meter-Lauf in High Heels in 14,531 Sekunden.

43 Joe Sheehan aus Irland lief einen Marathon in 2 Stunden, 58 Minuten und 33 Sekunden – und das in Flip-Flops.

44 Im Jahr 2014 bildeten 2.293 Menschen in Spanien die größte Menschenkette im Wasser, während sie auf aufgeblasenen Luftmatratzen saßen.

45 Der Deutsche Lauge Benjaminsen jonglierte auf einem Einrad gleichzeitig mit sieben verschiedenen Objekten.

46 In Belgien öffneten 2.334 Menschen gleichzeitig Cornflakes-Packungen und stellten damit einen Rekord auf.

47 1.096 Menschen namens Josh versammelten sich im Jahr 2021 in Nebraska, USA, um einen Poolnudelkampf auszutragen und einen Rekord darin aufzustellen.

48 Im Jahr 2003 hielt der Amerikaner John Cisna eine lebende Tarantel 3 Minuten und 30 Sekunden lang in seinem Mund.

49 Der Deutsche Thomas Dold lief in beeindruckenden 13,42 Sekunden 100 Meter auf Stelzen.

DAS ENDE

IST ERST DER ANFANG!

Diese letzte Seite markiert nicht das Ende, sondern den Beginn einer neuen Entdeckungsreise. Die Welt steckt voller Geheimnisse und Überraschungen, und wer weiß, welche absurden Fakten noch darauf warten, von dir entdeckt zu werden. Vielleicht wirst du selbst zum Erzähler von unnützem Wissen und teilst diese schrulligen Geschichten mit anderen, um gemeinsam zu lachen und zu staunen.

In einer Welt, die oft ernsthaft und kompliziert erscheint, erinnert uns das unnütze Wissen daran, dass das Leben auch eine bunte Sammlung von seltsamen, amüsanten und skurrilen Momenten ist. Möge dieses Buch dich immer daran erinnern, dass Wissen nicht immer einen Zweck haben muss – manchmal ist es einfach nur da, um Freude zu bringen.

Vielen Dank, dass du dich auf dieses Abenteuer des Absurden eingelassen hast. Ich hoffe, dass du aus diesem Buch nicht nur mit einer Menge neuer Informationen, sondern auch mit einem Lächeln auf den Lippen herausgehst. Das unnütze Wissen wartet immer darauf, von dir weitergesponnen zu werden. Viel Spaß beim Teilen, Staunen und Lachen!

Möge deine Neugier niemals enden und dein Wissensdurst immer gestillt sein – oder auch nicht. Denn schließlich ist das unnütze Wissen wie ein endloses Buffet voller Überraschungen.

Liebe Grüße

Christian Völkner

Printed in Germany
by Amazon Distribution
GmbH, Leipzig

32988671R00098